BRAUNSCHWEIGISCHES
LANDESMUSEUM

D1935619

Meike Buck

... und es ward Licht.

Das Kloster St. Aegidien in Braunschweig

Impressum

Herausgeberin

Heike Pöppelmann

Texte

Meike Buck mit Beiträgen von
Elmar Arnhold und Meike Buck
(S. 111-117, 127-131),
Hans-Jürgen Derda (S. 34-36),
Eva Jordan-Fahrbach (S. 191),
Eva Jordan-Fahrbach und Meike Buck (S. 83-86),
Elena Kozina (S. 123/124),
Regine Marth (S. 63/64, 67/68),
Christian Popp (S. 49/50),
Stefanie Kristina Werner (S. 89/90)

Redaktion

Meike Buck

Satz und Gestaltung

Studio Anne Hasselbach und
corporate friend, Kamenz
Druck: LASERLINE Druckzentrum, Berlin
ISBN-Nummer 3-927939-83-8

Inhaltsverzeichnis

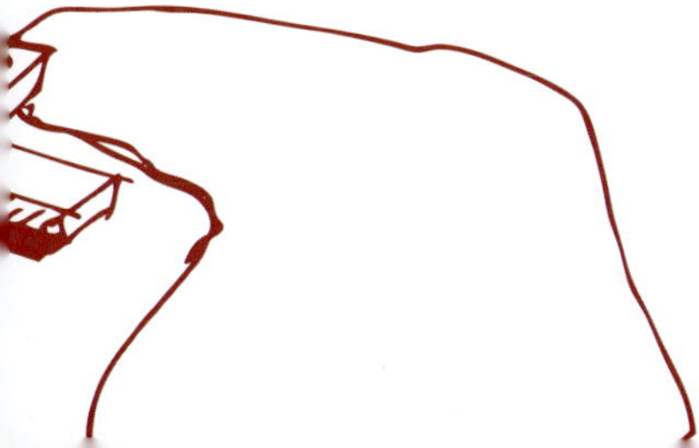

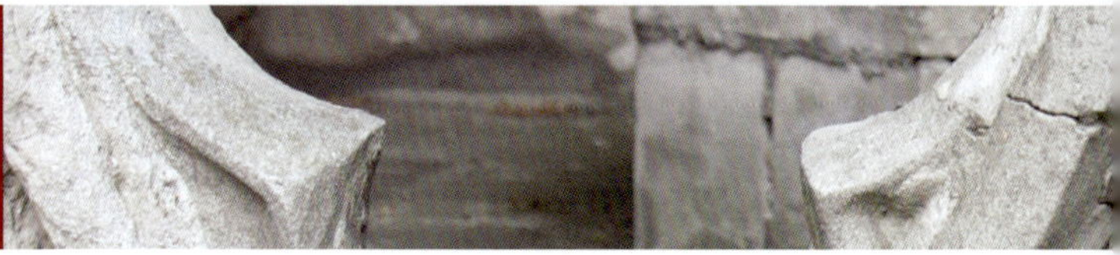

Vorwort

Der Ostflügel des romanischen Benediktinerklosters St. Aegidien, der hochgotische Paulinerchor, das evangelische Vereinshaus mit einer barocken Synagogeneinrichtung aus Hornburg: ein außergewöhnliches Ensemble, wie es sich nur im Kontext eines historischen Museums entwickeln konnte.
Die letzte brunonische Markgräfin stiftete 1115 das Benediktinerkloster Kloster St. Marien/St. Aegidien. Nach der Reformation war es evangelisches Frauenstift, ab 1837 nutzte man die Räumlichkeiten als Gefängnis. Nach dem Neubau der Haftanstalt verlor das mittelalterliche Ensemble seinen Zweck, ein Teil der Gebäude riss man ab. Mit der Entscheidung hier das Vaterländische Museum einzurichten, war der Rest des Klosters vor dem Abriss gerettet. Zwischen 1902 bis 1906 versetzte man Stein für Stein den Pauliner-Chor vom Bohlweg. Der ursprüngliche Teil des Dominikanerklosters musste hier den neuen Regierungsgebäuden weichen. Am 25. April 1906 wurde in Aegidien das Vaterländische Museum, der Vorläufer des Braunschweigischen Landesmuseums, eröffnet. Die 1924 erworbene jüdische Synagogeneinrichtung wird seit 1987 im Kontext einer Ausstellung zum religiösen

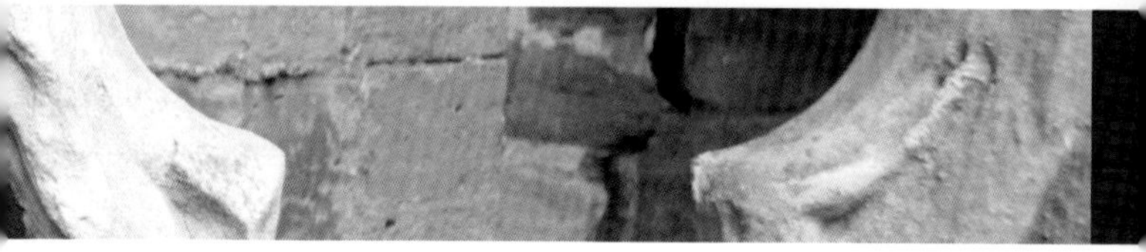

jüdischen Alltag im evangelischen Vereinshaus präsentiert.
Aus der Gründungszeit des Klosters stammt der Ostflügel mit Kreuzgang, Kapitelsaal, Parlatorium und Refektorium. In dem ältesten, noch erhaltenen Baudenkmal Braunschweigs bildet die historische Architektur den authentischer Rahmen für die Ausstellung über das Kloster St. Aegidien. Der Titel „...und es ward Licht“ ist Inhalt. Ziel war, mit einer neuen Beleuchtung das Baudenkmal behutsam und inspirierend in Szene zu setzen. Die puristischen Lichtsäulen, die Ringo T. Fischer und Jan Eickhoff für Hinter Aegidien entwickelten, erfüllen diese Aufgabe, ohne sich aufzudrängen, jedoch als moderne Hinzufügung klar erkennbar zu sein. An dieser Stelle möchte ich meinen Dank der Baudenkmalpflegerin Cordula Reulecke aussprechen, die mit Rat und Tat dem Projekt zur Seite stand. Anne Hasselbach kreierte eine Graphik, die durch ihre Fotographie besticht. Ihr Blick eröffnet uns eine entschleunigte Sichtweise auf das Kloster und seine Umgebung jenseits moderner Urbanität. Meike Buck danke ich für ihre Tatkraft und für ihr feinfühliges Konzept, das die bald 900jährige Geschichte dieses Ortes mit seiner

Architektur in Einklang bringt. Ihre Auswahl der Exponate präsentiert die 400jährige Geschichte der Benediktiner in Hinter Aegidien, wie auch des Damenstiftes und des Gefängnisses bis zum Einzug des Vaterländischen Museums. Hans-Jürgen Derda steuerte wichtige Impulse bei, die seine in fast zwei Jahrzehnte wissenschaftlicher und kuratorischer Betreuung gewachsene Verbundenheit mit dem Museumskomplex spiegeln. Ein besonderer Dank geht an die Katholische Propsteigemeinde St. Aegidien, die dem Landesmuseum eine Skulptur des 13. Jahrhunderts als Dauerleihgabe übergab. Dieses Bildwerk gehört wie archäologische Funde aus Gräbern in St. Aegidien zu den authentischen Stücken, die jetzt dauerhaft an dem Ort gezeigt werden, zu dem sie gehören.
Den Autorinnen und Autoren möchte ich herzlich danken, dass sie mit ihrem Fachwissen das Projekt unterstützten und Beiträge dem Katalog beigesteuert haben. Die fordernde Aufgabe, in mittelalterlichen Räumen einen konservatorischen Rahmen für die Exponate zu schaffen, verdanken wir Tekla Krebs und Sandra Sauerstein. Die Restauratoren Eva Jordan-Fahrbach, Eleonore Lang, Sven Spantikow, Nicole Thörner

und Olaf Wilde sorgten dafür, dass die einzelnen Objekte in neuem Glanz erstrahlen.
Dass dieses Ausstellungsprojekt in dieser Qualität möglich war, ist Tobias Henkel von der Stiftung Braunschweigischer Kulturbesitz zu verdanken, der nicht nur die Finanzierung sicherte, sondern auch mit seinen Ideen inspirierte.
Die Ausstellung „...und es ward Licht. Das Kloster St. Aegidien“ ist Baustein eines neuen Konzeptes für Hinter Aegidien zu einem Museum der Religionen, das am authentischen Ort frei nach Gotthold Ephraim Lessings Ringparabel Religionsgeschichte des Braunschweigischen Landes bis heute thematisieren möchte. Übrigens steht in unmittelbarer Nachbarschaft das Lessingdenkmal des Bildhauers Ernst Rietschel.

Dr. Heike Pöppelmann

Die Ornamente auf dem Krönungsmantel von Kaiser Otto IV. sind mit Goldfäden auf den Stoff aus purpurner Seide gestickt. In seinem Testament vom 18. Mai 1218 vermachte Otto ihn dem Aegidienkloster.

… und es ward Licht.

Das Aegidienkloster in Braunschweig

Es ist ein idyllischer Ort, das ehemalige Aegidienkloster am Rande der Braunschweiger Innenstadt. Mitten im Stadtzentrum gelegen, ist es doch abgeschirmt vom Verkehrslärm, von der hektischen Welt des 21. Jahrhunderts. Der Schatten der großen Kastanie im Innenhof lädt zum Ausruhen und Träumen ein. Dieser abgeschiedene und stille Ort blickt auf eine wechselvolle Geschichte zurück.

Braunschweig war im Mittelalter die größte Stadt im Gebiet des heutigen Niedersachsen, hat jedoch im Zweiten Weltkrieg viel ihrer historischen Bausubstanz verloren. In der modernen Nachkriegsarchitektur verteilen sich die wenigen erhaltenen Gebäude auf fünf Traditionsinseln, gleichsam Geschichtsinseln in der modernen Stadt. Mit der Gründung 1115 und den bald danach angelegten Klostergebäuden ist das Aegidienkloster eines der ältesten, noch erhaltenen Gebäude Braunschweigs.

Klöster, besonders mittelalterliche Klöster, üben auf uns eine große Faszination aus. Als Orte der Ruhe und Stille laden sie ein zur inneren Einkehr, zum Innehalten und Verweilen und bilden so einen starken Kontrast zur lauten, hektischen Welt des Alltags, zum immer-schneller-höherweiter des 21. Jahrhunderts. Die puristische, funktionale Architektur fasziniert uns und regt an zum Nachdenken über die Menschen, die hier einmal lebten. Das Leben der Mönche, in totaler Abkehr von der Außenwelt, ganz Gott gewidmet; die Menschen, die die Kälte, die Dunkelheit, die Kargheit und die harte Arbeit des Klosteralltags bewusst annehmen, das ist für die meisten von uns unvorstellbar. Und trotzdem war es das Idealbild vieler gläubiger Menschen im Mittelalter.

Der Grundsatz „Bete und arbeite" der benediktinischen Regel war auch der Grundgedanke für die Gründung des Aegidienklosters in Braunschweig vor beinahe 900 Jahren. Mehr als 400 Jahre, bis zur Reformation, lebten hier Benediktinermönche in einer Gemeinschaft, die sich verpflichtet hatte, Gott zu dienen, ihn zu ehren und zu preisen.

Nicht nur zahlreiche päpstliche und bischöfliche Urkunden belegen, dass das Aegidienkloster im Mittelalter eine große Bedeutung hatte. In seinem Testament von 1218 verfügte Kaiser Otto IV., dass sein Krönungsmantel, gewebt aus byzantinischer Seide und mit Goldfäden bestickt, nach seinem Tod im Kloster aufbewahrt werden solle. Auch wertvolle Bücher wie ein Evangeliar aus dem 12. Jahrhundert zeugen von der Bedeutung und der wirtschaftlichen Prosperität. Zudem brachte das Kloster einige historisch und literarisch wichtige Personen hervor wie den Chronisten Arnold von Lübeck, Bertold Meier, der die „Legenden und Geschichten aus St. Aegidien" verfasste oder den Mönch Gottschalk Kruse, der im Aegidienkloster an seinen reformatorischen Schriften arbeitete.

Nach einer wechselvollen Geschichte und vielen unterschiedlichen Bewohnern zog im Jahre 1906 das Vaterländische Museum, heute das Braunschweigische Landesmuseum, in die noch vorhandenen Räume des ehemaligen Klosters ein. In der Aegidienkirche, nun profan genutzt als Aegidienhalle und dem Kreuzgang mit den Klosterräumen wurden Dauer- und Sonderausstellungen zu unterschiedlichen Themen gezeigt. Gleichzeitig konnte das Museum auch im Chor des ehemaligen Paulinerklosters ausstellen. Er war vom Bohlweg, wo er einem neuen Regierungsgebäude weichen musste, auf das Museumsgelände versetzt worden.

Auch im Haus am Lessingplatz 5 bot sich dem Museum bald zusätzlicher Platz. Hier hatte seit 1894 der Evangelische Verein sein Domizil gehabt. Die engagierten Christen benötigten dringend Platz, um ihre karitativen Tätigkeiten und Veranstaltungen zu organisieren, so dass sie zwischen Mönchstraße und den Klosterräumen einen großen Saalbau errichteten. Doch als sie in finanzielle Schwierigkeiten gerieten, bemühte sich das Museum erfolgreich um das Gebäude. So konnte es den wachsenden Platzbedarf für Verwaltungsräumen, Werkstätten und Magazinflächen befriedigen.

Auch die mit dem Engagement des Museumsdirektors Karl Steinacker ins Museum gekommene barocke Inneneinrichtung der Hornburger Synagoge konnte aufgestellt werden. Sie war 1924 zunächst in der Aegidienhalle gezeigt worden, seit 1987 steht sie im ehemaligen Evangelischen Vereinshaus. Sie bildet den Mittelpunkt des Jüdischen Museums, das sich bis heute, auch nach dem 1985 erfolgten Umzug des Braunschweigischen Landesmuseums in das Vieweghaus am Burgplatz, im Ausstellungszentrum Hinter Aegidien befindet.

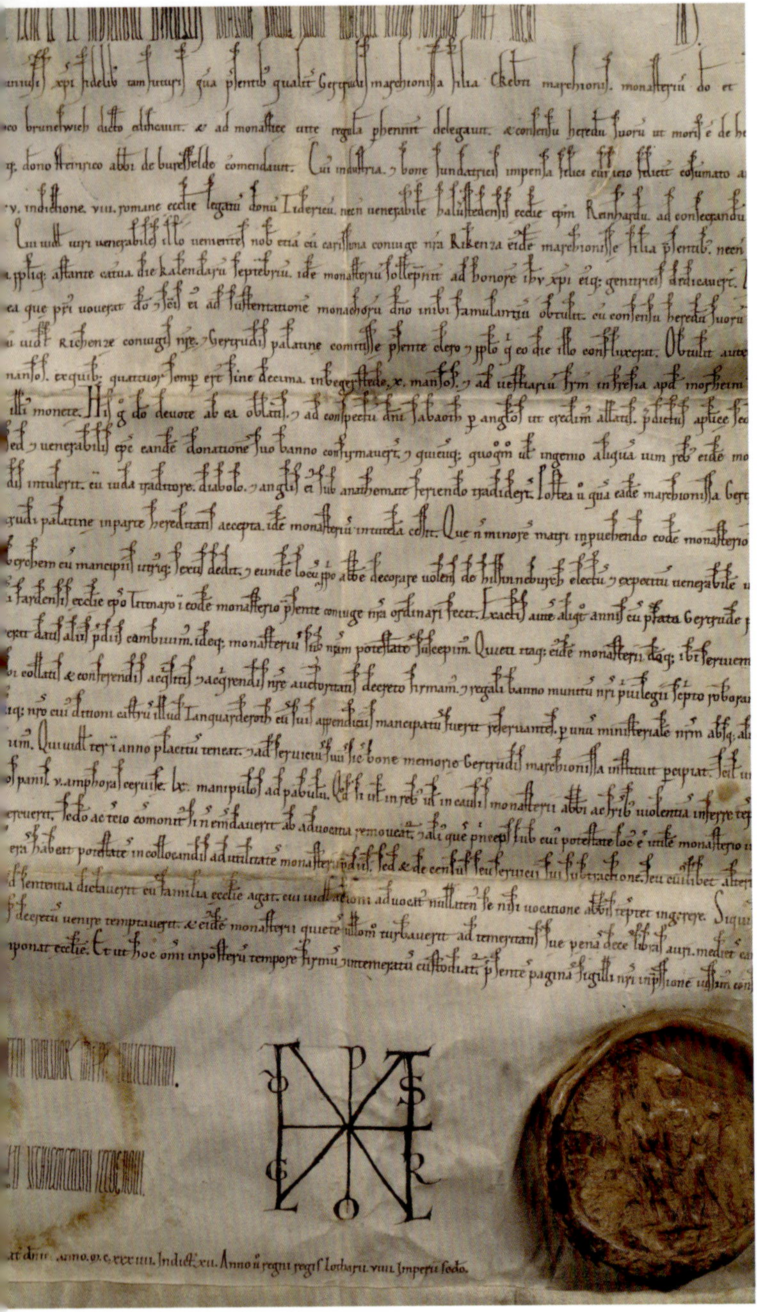

In einer Urkunde von 1134 beschreibt Kaiser Lothar III. rückblickend die Gründung des Aegidienklosters in Braunschweig und nimmt es unter seinen Schutz.

Von Mönchen und Museen.
Die Geschichte des Aegidienklosters

„In de ere sunte autor un sunte gillien"
Zu Ehren des Heiligen Auctor und des Heiligen Aegidius

Vermutlich aus einer Kaufmannssiedlung, günstig gelegen am Schnittpunkt zweier Handelsstraßen aus dem Raum Frankfurt/Main nach Norden Richtung Lüneburg und an die Küste und von Köln nach Osten Richtung Magdeburg, wuchsen die Siedlungen, die später als Stadt Brunswiek bekannt wurden. Die Oker als schiffbare Wasserstraße begünstigte die Entwicklung des Ortes. Mehrere Kirchenweihungen, die erste urkundlich bezeugte die der Magnikirche 1031, unterstreichen die wachsende Bedeutung der Siedlung.

Am 1. September 1115 trafen sich die brunonische Markgräfin Gertrud und ihr Schwiegersohn Lothar von Süpplingenburg, der Kaiser Lothar III., auf dem Braunschweiger Köpfeberg. Dabei waren auch der römische Legat Tideric (Dietrich), der Halberstädter Bischof Reinhard und viele Äbte, Pröpste und Kleriker. In Anwesenheit vieler Zuschauer weihten sie an dem Ort ein neues Kloster zu Ehren der Muttergottes Maria.

In einer Urkunde beschreibt Lothar III. 1134 rückblickend die Klostergründung. Darin nimmt er das Kloster auch unter kaiserlichen Schutz. In der niederdeutschen Übersetzung der Urkunde aus dem 14. Jahrhundert heißt es:

In dem Namen der hilgen Drevalticheit / Lotharins van göttlicher Gnade Keisser der Römer / Gemehrer des Rikes / wy willen witlich thosiende allen ChristenMinschen / dene de noch thokomen weerden / und nu jegenwerdig syn / dat Gertrudt / Marggravinne to Sassen / eine Dochter Ekeberti des Marggraven / heft gebuwet ein Kloster in de Ehre der Jeberinne Goddes Marien / in de Stidde Brunsiswich genometh / und gegeven ewig thobliven by der Regelen eines geistleken Levendes /[...]
Und heft geeschet den Allererwedigesten Heren / Here Diderick / Legaten der Römischen Kerken / und ok den Erwerdigen Heren / Heren Reinharden Bischop tho Halverstath / wigende dat sülve Kloster. Dar di beiden gekomen sin / und in unser Jegenwerdicheit und unser Hußfruwen Rikensen / der vorgenanten Gertruden Dochter / und in Jegenwerdicheit untellicher Ebbte / Proveste / Papheit und Volkes hebben dat gewiget Erliken tho der Ehre Jhesu Christi und siner Jeberinne Marien / an dem Dage der Kalender des seventen Mantes / dat is Sünte Egidien Dach.

Im Namen der Heiligen Dreifaltigkeit, Lothar, von göttlicher Gnade Kaiser der Römer und Mehrer des Reiches. Wir verkünden allen Christen, denen, die noch kommen werden und denen, die jetzt sind, dass Gertrud, Markgräfin von Sachsen, eine Tochter des Markgrafen Eckbert, in der Stadt Braunschweig ein Kloster zu Ehren Gottes und der Gottesmutter Maria gebaut hat. Es soll ewig den Regeln des geistlichen Lebens folgen. [...] Und es waren ehrwürdige Herren geladen, Diedrich, Legat der römischen Kirche und Reinhard, Bischof zu Halberstadt, um dasselbige Kloster zu weihen. Da die beiden gekommen sind, weihten sie und in unserer und unserer Ehefrau Richenza, eine Tochter der genannten Gertrud, Gegenwart und unter Anwesenheit unzähliger Äbte, Pröpste, Kleriker und Volk feierlich das Kloster in der Ehre Jesu Christi und seiner Mutter Maria am Tag der Kalenden des siebten Monates, dem Tag des Heiligen Aegidius. Doch zu diesem Zeitpunkt waren die Kirche und das Kloster nicht fertig gebaut. Eventuell gab es einen provisorischen Fachwerkbau, bevor das Kloster dann in seiner endgültigen Form errichtet wurde.

Die von Kaiser Lothar III. ausgestellte Urkunde benennt dessen Schwiegermutter Gertrud als Stifterin des neuen Aegidienklosters. Die brunonische Gräfin stattete das Kloster auch mit umfangreichen Ländereien und Einkünften aus. Vielleicht war diese Klostergründung für sie ein Ruhepunkt in ihrem unruhigen Leben. Nach dem Tod ihres Vaters und ihres Bruders war sie alleinige Erbin der brunonischen Güter. Doch sowohl unter Kaiser Heinrich IV. und auch seinem Nachfolger Heinrich V. kam es zu Kämpfen zwischen den Saliern und den Sachsen. Erst um 1115, als Gertrud ungefähr 55 Jahre alt war, wurde es politisch ruhiger.
Doch auch privat war das Leben der Markgräfin nicht ohne Prüfungen. Innerhalb von 18 Jahren war sie dreimal verwitwet. Viele Schicksalsschläge wie der Tod einiger ihrer Kinder bereiteten ihr kein leichtes Leben. Als sie dann

endlich zur Ruhe kam, gründete sie das Aegidienkloster, es scheint wie das Innehalten nach einem von politischen und persönlichen Schicksalsschlägen geprägten Leben.
Stifter werden nach ihrem Tod oft in den von ihnen gegründeten Klöstern oder Kirchen begraben.
Doch das Aegidienkloster wurde nicht rechtzeitig fertig, nach ihrem Tod 1117 wurde Gertrud im Dom St. Blasius in Braunschweig beigesetzt.

Gertrud wies dem Kloster zur Versorgung 38 Hufen in Vahlberg an der Asse (heute Mönchevahlberg) und 10 Hufen in Beierstedt südlich des Elms zu.
Zur Kleidung der Mönche sollte das friesische Gut Morheim 20 Pfund beisteuern. Es war üblich, ein Kloster mit entsprechendem Landbesitz auszustatten. So war es auch Lehnsherr für die Leibeigenen, die die Ländereien bewirtschafteten. Die Einnahmen aus der Landwirtschaft, den Wäldern, Weiden, Mühlen und Fischereien standen dem Kloster zur Verfügung und dienten dem Unterhalt und der Wirtschaft der klösterlichen Gemeinschaft.
Das Aegidienkloster bekam die kirchliche Hoheit über die Aegidienfreiheit verliehen und erhielt das Patronat über die braunschweiger Magni- und die Nicolaikirche, ebenso über die Kirchen in Mönchevahlberg, Rautheim, Erkerode, Lelm, Volkmarode und Ampleben. Das Patronat berechtigte auch, den Pfarrer benennen zu dürfen und so dem Kloster und den eigenen Anliegen günstige Personen zu erheben.
Später kamen noch weitere Hoheiten dazu, die für hohe Einkünfte und Einflüsse des Klosters sorgten.

Das Kloster soll, wenn möglich, so angelegt werden, dass sich alles Notwendige, nämlich Wasser, Mühle und Garten, innerhalb des Klosters befindet und die verschiedenen Arten des Handwerks dort ausgeübt werden können. So brauchen die Mönche nicht draußen herumlaufen, denn das ist für sie überhaupt nicht gut.

Benediktsregel Kapitel 66, 6.

So gut ausgestattet erlebte das Kloster einen raschen Aufschwung.

Mit der Neueinrichtung des Klosters beauftragte Gräfin Gertrud den Abt Heinrich des Benediktinerklosters Bursfelde an der Oberweser. Das Aegidienkloster war als Stiftung durch die Markgräfin ein brunonisches Eigenkloster. Nicht die Mönche wählten ihren Abt, sondern die Schutzherrin, also Gertrud bzw. ihre Nachkommen, bestimmten ihn. Ihre gleichnamige Tochter Gertrud ernannte dann als ersten Abt den Mönch Gozwin aus Ilsenburg am Harz. Auch viele der ersten Braunschweiger Mönche kamen wohl aus Ilsenburg. Das dortige Kloster wurde 1120 durch einen Brand zerstört, so dass sie in Braunschweig eine neue Heimat fanden.

Muschelkalk mit Farbresten
Höhe 105 cm, Breite 40 cm, Tiefe 35 cm
um 1280
Katholische Propsteigemeinde
St. Aegidien, Braunschweig

Weiblicher Torso

1978 fanden Bauarbeiter einen Steintorso im südlichen Teil des Kreuzganges. Der Kopf und die Schulterpartie der Figur aus Muschelkalk fehlen, aber die Kleidung lässt auf eine weibliche Figur schließen. Sie ist in der Mode des Mittelalters gekleidet: ein gegürtetes Kleid mit langen Ärmeln und ein umgeschlagenes Tuch als Mantel. Farbreste auf dem Muschelkalk lassen erkennen, dass das Manteltuch einmal rot mit einer grünen Innenseite und das Kleid blau gemalt waren. Unter dem Stoff schaut unten ein Fuß hervor.

Die Gestaltung des anschmiegsamen Kleides am Oberkörper und die tiefen asymmetrisch geführten Mantelfalten helfen, die Figur auf die Zeit um oder nach 1280 zu datieren. Sie würde damit aus der Zeit des Neubaus der Kirche nach dem verheerenden Brand im Jahre 1278 stammen.

Da der Kopf der Figur fehlt, ist unklar, wen sie einmal darstellte. Zwei Möglichkeiten kommen dafür in Frage. Es könnte sich um eine Mariendarstellung handeln, die entweder einen Gegenstand in der Hand hält oder die Hand zum Segen erhebt. Ebenso gut könnte es auch eine Darstellung der Markgräfin Gertrud sein, der Stifterin des Klosters.

Eine Nachbildung der Figur, als Maria mit dem Jesuskind auf dem Arm interpretiert und farblich gestaltet, hängt heute am südöstlichen Vierungspfeiler in der Aegidienkirche.

Bergahorn, Waldkiefer mit Resten von Vergoldung, Kupfer.
Höhe der Krümme ca. 21 cm, Länge des Stabes 21,5 cm, insgesamt ca. Höhe 37 cm, Breite 13 cm um 1150 Norddeutschland (Aegidienkirche Braunschweig) Braunschweigisches Landesmuseum, 78:5/48, 49

Abtsstab

1978 wurden bei Bauarbeiten zum Heizungseinbau in der Aegidienkirche mehrere Gräber geöffnet, unter anderem ein Abtsgrab aus dem Mittelalter. In dem Grab fanden die Archäologen neben einer Mitra auch einen Abtsstab. Auch wenn er in mehrere Stücke zerbrochen ist, kann man die kunstvolle und sorgfältige Ausführung deutlich erkennen. Die Krümme war figürlich geschnitzt und einst teilweise vergoldet.

In der Krümme ist ein Kranich geschnitzt, der seinen Kopf in das Maul eines Wolfes steckt. Die Szene nimmt Bezug auf eine Fabel des Äsop, in der ein Wolf ein Schaf so gierig verschlang, dass ihm ein Knochen im Hals steckenblieb. Der Wolf bat den Kranich um Hilfe, der mit seinem Schnabel den Knochen aus dem Maul des Wolfes holte. Doch als der Kranich seine versprochene Belohnung forderte, erwiderte der Wolf, dieser könne doch froh sein, dass er ihn am Leben gelassen hätte. „Hilf gern stets in der Not, aber erwarte keinen Dank", das war die Moral, die im Mittelalter auch die Klosterschüler lernten.

Die Geschichte vom Kranich und dem Wolf konnte dem Abt im Umgang mit seinen Brüdern eine Mahnung sein, aber auch im Kontakt mit den Mächtigen.

Als Besitzer des Abtsstabes kommt unter anderem der Abt Heinrich Woltorp in Frage. Er war von 1162 bis 1173 Abt des Aegidienklosters. Als hoch gebildeter Mann stand er in enger Verbindung zu Herzog Heinrich dem Löwen. Doch der Tote im Abtsgrab wurde erst später bestattet, wie man aus der dort gefundenen Mitra schließen kann. So kann es sein, dass man den Stab einem der Nachfolger von Heinrich mit ins Grab gegeben hatte.

Goldlahn und Seidenseele,
Seiden- und Halbseidenfäden
Höhe 74 cm, Breite 53 cm
Ende des 12. Jahrhunderts
Deutsches Reich
(Aegidienkirche Braunschweig)
Braunschweigisches Landesmuseum, 78:5/50

Mitra

„...Cum autem generale interdictum terrae fuerit, liceat vobis clausis ianuis, expulsis, excommunicatis, interdictis, nun pulsatis campanis suppressa voce divina officia celebrare...“

Mit diesen Worten verlieh Papst Alexander III. 1179 dem Aegidienkloster das Recht, auch in Zeiten des Interdicts für die Gläubigen Messen lesen zu dürfen. Allerdings durfte nur mit leiser Stimme gesprochen werden, die Türen mussten geschlossen bleiben und die Glocken nicht geläutet werden.

Nach außen war dieses Recht an der Mitra zu erkennen, die der Abt tragen durfte. Archäologische Funde bestätigen dieses Recht. Bei Grabungen 1978 im Kircheninnern wurde ein Abtsgrab gefunden, in dem sich Teile einer Mitra erhalten hatten. Eine Mitra aber durften nur Bischöfe oder Äbte tragen, die das Recht hatten, auch bei einem Interdict über die Stadt oder das Land, in der das Kloster lag, alle Chorgebete und Messen zu feiern. Solch ein Kirchenbann wurde im Mittelalter relativ häufig verhängt, so dass es für die Gläubigen eine Erleichterung war, dass in dem Aegidienkloster der Gottesdienst und das Empfangen der Sakramente möglich waren. In einer Zeit, in der der Glaube eine wichtige Rolle im Alltag der Menschen spielte, war dies ein entscheidendes Recht, das die Bedeutung des Klosters unterstrich.

An der Mitra aus dem Abtsgrab haben sich kostbare Borten erhalten, die aus Seidenfäden mit Gold durchwirkt gewebt sind. Vögel, Raubtiere, Kentauren, Bäume und Ornamente zieren die Bänder. Diese Muster lassen sich einer Werkstatt in Sizilien zuordnen. Der Stoff könnte vielleicht mit Kaiser Otto IV. nach Braunschweig gekommen sein, der Tote war also vermutlich ein Zeitgenosse des Welfenkaisers. Zwischen 1204 und 1218, in der Zeit, die dafür in Frage kommt, amtierten die Äbte Albrecht, Andreas und Albert. Wer der Besitzer der Mitra war, konnte aber bislang nicht geklärt werden. Die Amtszeit von Abt Rengarus (ca. 1179–86), der sich auf seinem Siegel mit Mitra darstellt, war wohl zu früh, um als Besitzer der Mitra in Frage zu kommen.

Bei der Einrichtung der Räume für das Vaterländische Museum 1906 wurden auch bunte Glasfenster in Auftrag gegeben. Eines zeigt die Markgräfin Gertrud bei der Überführung der Reliquien des Heiligen Aegidius.

Gott suchen in Arbeit und Gebet. Die Benediktiner

Die Mönche des neu gegründeten Aegidienklosters gehörten dem Orden der Benediktiner an. Vom frühen 9. Jahrhundert bis zur Entstehung der Bettelorden im 13. Jahrhundert ist die Geschichte des abendländischen Mönchtums zugleich auch eine Geschichte der Benediktiner. Wie die meisten anderen Orden richteten sie ihr Leben nach den Regeln des Heiligen Benedikts aus.

Benedikt wurde zu Beginn des 6. Jahrhunderts als Sohn bürgerlicher Eltern im Hochtal von Nursia/Umbrien geboren. Nach einem Studium in Rom floh er vor der dekadenten Atmosphäre der Stadt, um „Gott allein zu gefallen", wie sein Chronist Papst Gregor der Große später schrieb. Er führte ein Einsiedlerleben im Tal von Subiaco, 80 km östlich von Rom, wo sich schnell ratsuchende Menschen um ihn sammelten. Doch als Benedikt gebeten wurde, dem Kloster Vicovaro vorzustehen, stieß er bei dessen Neuordnung auf großen Widerstand, so dass er sich wieder nach Subiaco zurückzog. Dort hatte er viele Schüler, für die er ein mönchisches Leben in Klöstern organisierte. Er selbst zog auf die Anhöhe von Montecassino und errichtete dort ein Kloster, das als Mutterkloster der Benediktiner gilt. Benedikts genaues Todesdatum ist unbekannt, er starb wohl Mitte oder Ende des 6. Jahrhunderts. Benedikt hat keine Ordensgemeinschaft im heutigen Sinne gegründet. Trotzdem gilt er als Begründer des christlichen Mönchstums im Westen. Für die sich um ihn versammelnden Mönche schrieb er eine Regel nieder, die zur Grundlage des mönchischen Lebens im Mittelalter wurde.

Benedikts Regel besteht aus einem Prolog und 73 Kapiteln. Darin beschreibt er die monastischen Tugenden wie Demut, Schweigen und Gehorsam. Er legte eine Ordnung für die Gottesdienste fest, gab Anweisungen für den klösterlichen Alltag, die Verwaltung, die Rangordnung im Kloster und den Umgang der Brüder untereinander. Mit tiefer Spiritualität und großem Pragmatismus gab die Regel dem Tag der Mönche eine Struktur zwischen Arbeit, Lesung und Gebet.

Gregor der Große, der die Lebensbeschreibungen des Heiligen Benedikts verfasste, lobte: „Er schreibt in lichtvoller Sprache eine Mönchsregel, die sich durch ihr Augenmaß auszeichnet“. Ab 620 tauchte die Regel, neben anderen Regeln für das monastische Leben, erstmals in einigen Klöstern auf. Auf Wunsch Kaiser Karls des Großen kam eine Abschrift nach Aachen. Der Reformabt Benedikt von Ariane (gest. 821), erreichte auf verschiedenen Synoden zwischen 816 und 818 im Auftrag Karls des Großen, dass die Benediktsregel zur alleinigen Regel für die Klostergemeinschaften des Frankenreiches erklärt wurde.

Doch trotz einer Regel, nach der alle Mönche lebten, gab es ein buntes Bild benediktinischen Mönchstums, denn die Consuetudines, die „Gewohnheiten", Anweisungen, die Regel ergänzten, waren in jedem Kloster unterschiedlich. Sie berücksichtigten die geographische Lage, das Klima und die Eigenheiten jedes Klosters.

Die strengen Vorschriften der Regel einzuhalten war nicht leicht, aber nicht unmöglich. Darin zeigen sich ihre Genialität und die Weitsicht, mit der sie konzipiert worden war. Benedikt verfasste sie nicht nur für die eigene Klostergemeinschaft in Subiaco, sondern für ein universal wirkendes Mönchtum. Mit dem Gegenwartsbezug ihrer geistigen Botschaft übt sie auch heute noch eine erstaunliche Faszination aus und bietet auch Lösungen für gesellschaftliche Probleme der Moderne.

Durch Reformen und Reformversuche entstanden immer wieder neue Orden und Zweige. Die Großzügigkeit bei der Auslegung der Benediktinerregel, die in einigen Klöstern gelebt wurde, ließen immer wieder den Ruf nach Reformen laut werden. Scharfe Kritik gab es auch am immensen Reichtum einiger Abteien, der sich durch zahlreiche Stiftungen angesammelt hatte und dem Armutsideal der Mönche entgegenstand.

Im 10. und 11. Jahrhundert entwickelte sich eine Reform, ausgehend von den Klöstern Gorze,

Hirsau und Bursfelde. Sie forderten eine Rückbesinnung auf die Regeln des Heiligen Benedikts für das klösterliche Gemeinschaftsleben, die in vielen Klöstern aufgeweicht worden war. Eine Stätte der Gorze-Hirsauer und der Bursfelder Reform war das Kloster Ilsenburg im Harz. So war das neu gegründete Aegidienkloster in Braunschweig sicherlich auch reformorientiert, doch gelang es ihm immer, den vom Landesherrn gewünschten Beitritt zur Bursfelder Kongregation, dem Zusammenschluss der Klöster des Bursfelder Kreises, zu verhindern. Denn der hätte dem Kloster seine Eigenständigkeit weitgehend genommen, da das Bursfelder Generalkapital weitreichende Visitationsbefugnisse hatte. St. Aegidien ist eines der ganz wenigen Benediktinerklöster im deutschsprachigen Raum, das nicht der Bursfelder Kongregation angehörte.

Klösterliches Leben gilt seit jeher als außergewöhnliche Lebensform. Es ist ein gottgeweihtes Leben. Um der Nachfolge Christi willen verabreden sich Menschen zu einer bestimmten Form des Zusammenlebens in einer Gemeinschaft. Wer sich für ein klösterliches Leben entscheidet, verzichtet bewusst auf individuelle Ansprüche und Statussymbole und diszipliniert sich in seinen Bedürfnissen.
Die sozialökonomische Grundlage für diese Lebensform ist die Gütergemeinschaft. Dieses von der Umwelt zurückgezogene klösterliche – coenobitische – Leben ist keine Form der

Weltflucht. Vielmehr ist diese Lebensform ein sozialer Gegenentwurf. Vorbild ist die in der Bibel überlieferte Lebensweise der ersten Christen. Zwei Textstellen in der neutestamentlichen Apostelgeschichte berichten: *„Sie [die ersten Christen] hielten an der Lehre der Apostel fest und an der Gemeinschaft, am Brechen des Brotes und an den Gebeten [...]. Tag für Tag verharrten sie einmütig im Tempel, brachen in ihren Häusern das Brot und hielten mit einander Mahl in Freude und Einfalt des Herzens. [...] Die Gemeinde der Gläubigen war ein Herz und eine Seele. Keiner nannte etwas von dem, was er hatte, sein Eigentum, sondern sie hatten alles gemeinsam. [...] Es gab auch keinen unter ihnen, der Not litt. Denn alle, die Grundstücke oder Häuser besaßen, verkauften ihren Besitz, brachten den Erlös und legten ihn den Aposteln zu Füßen. Jedem wurde davon so viel zugeteilt, wie er nötig hatte.“ (Apg 2,42 ff. und Apg 4,32 ff.)*
Die Apostelgeschichte erzählt von der Brüderlichkeit (fraternitas), der Nächstenliebe (caritas) und der freiwilligen Armut (paupertas voluntaria), dem gemeinsamen Mahl und dem gemeinsamen Gebet, sie spricht von der Gütergemeinschaft und der bedürfnisgerechten Versorgung des Einzelnen. Die urchristliche Gemeinde war eine Gesinnungsgemeinschaft, in der soziale Gleichheit und die Pflicht zur Arbeit herrschte, um den Lebensunterhalt für die Gemeinschaft sicherzustellen. Diese Lebensform bezeichnete der Kirchenvater Augustinus (354–430 n. Chr.) als „vita communis“. Als Bischof von Hippo verlangte er von seinen Klerikern das gemeinsame

Leben und den Verzicht auf Eigentum. Der Vater des abendländischen Mönchtums, Benedikt von Nursia (um 480–547 n. Chr.), setzte die Lebensform „vita communis“ beispielgebend in ein Regelwerk um. Nach einer Probezeit – dem Noviziat – verpflichten sich die Mönche mit einem feierlichen Gelübde – der Profess – auf Lebenszeit für die klösterliche Gemeinschaft im Sinne der vita communis.

Wer aber im klösterlichen Leben und im Glauben fortschreitet, dem wird das Herz weit, und er läuft in unsagbarem Glück der Liebe den Weg der Gebote Gottes.

Benediktsregel Prolog 49.

Seide
Länge 41 cm, Breite 25 cm,
Breite des Bandes ca. 2 cm
12. Jahrhundert
Braunschweig
Braunschweigisches Landesmuseum, 78:5/117

Zingulum

Der Gürtel, auch Zingulum genannt, wurde im Grab eines Abtes gefunden, der Ende des 12. Jahrhunderts in der Aegidienkirche bestattet wurde. Die Funde zeigen, dass der Tote große Teile seines Ornates bei sich hatte, Mitra, Zingulum, Kasel, Stola und Abtsstab. Meist fertigte man Repliken als Grabbeigaben an. Dass dieser Tote mit den Originalinsignien beigesetzt wurde, unterstreicht die Bedeutung des Abtes.

Das Zingulum ist aus kostbarer Seide gewebt, auf dem Stoff sind eingewebte Muster zu erkennen.
Darunter ist auch eine Swastika, ein Kreuzsymbol mit abgewinkelten Enden, das heute als Hakenkreuz bekannt ist. Solche Symbole sind in zahlreichen Formen seit etwa 6000 Jahren in Europa und Asien bekannt, in Indien steht es für Glück und Gesundheit. Im Christentum wurden römische und germanische Kreuzsymbole auf die Kreuzigung Jesu Christi oder seine Hoheit als „Licht der Welt" bezogen. Swastiken erscheinen etwa als Kreuzsymbol auf frühchristlichen Fresken und Steinplatten oder als Schutzsymbol gegen den Teufel in der romanischen Ornamentik sowie auf einigen gotischen Bauwerken in Europa. Das heidnische Sonnenrad erfuhr so eine Umdeutung zum Symbol des gekreuzigten Christus.

Erst durch die Verwendung der Nationalsozialisten als Symbol für die arische Rasse und als Parteisymbol der NSDAP bekam es die uns bekannte negative Bedeutung. So ist heute die Verwendung von Hakenkreuzen in Deutschland und anderen europäischen Ländern verboten.

Der Abt Berthold Meier verfasste im 15. Jahrhundert ein Werk über das Leben und die Translation der Heiligen Auctor und Aegidius. Den Prachtband mit der Darstellung des Heiligen Auctors auf den Stadtmauern schenkte er dem Rat der Stadt Braunschweig.

Der Heilige Auctor: Schutzpatron mit Bischofsstab und Schwert

Das neue Kloster am Köpfeberg war zunächst der Gottesmutter Maria geweiht. Doch schon Urkunden von der Mitte des 12. Jahrhunderts sprechen von dem „Abt von St. Aegidien“ und dem „Aegidienkloster“. Diese Änderung des Patronats von einem Marienkloster in das Aegidienkloster hängt mit einer Geschichte zusammen, von der Bertold Meier in seinen „Legenden und Geschichten des Klosters St. Aegidien zu Braunschweig“ berichtet.

Markgräfin Gertrud soll nach einer im letzten Viertel des 13. Jahrhunderts aufgezeichneten Legende die Reliquien des Heiligen Aegidius aus Frankreich nach Braunschweig geholt haben. In St. Gilles fand um 1116 eine Umbettung der Gebeine statt, bei der Gelegenheit könnten einige Teile und Partikel zur Weitergabe an andere Klöster entnommen worden sein. Gertrud, eventuell auch ihre gleichnamige Tochter, könnte hier die für eine Klostergründung so wichtigen Reliquien erworben haben.

Aegidius, ein Athener Bürgersohn, lebte in der zweiten Hälfte des 7. Jahrhunderts als Einsiedler in der heutigen Camargue. Als er sich bei einer Jagd schützend vor eine Hirschkuh stellte, wurde er nach seiner im 10. Jahrhundert aufgezeichneten Vita von einem Pfeil des

Westgotenkönigs Wamba verletzt. Als Vergebung für seine Schuld erlaubte dieser ihm, ein Kloster zu gründen. Seinem Kloster auf einer Anhöhe am Westrand des Rhône-Deltas stand Aegidius bis zu seinem Tod als Abt vor. Aufgrund der Wunder, die ihm die Legenden zuschreiben, wird Aegidius als einer der 14 Nothelfer verehrt und war im Mittelalter einer der populärsten Heiligen. Gelegen am Jacobsweg nach Compostella wurde sein Kloster St. Gilles zu einem der bedeutendsten Wallfahrtsorte Westeuropas.

In Braunschweig hatte der Heilige Aegidius allerdings Gesellschaft, die ihn in seiner Popularität bald übertraf. Auch hier soll wieder die Markgräfin Gertrud tätig gewesen sein. Der heilige Auctor, dessen Gebeine im Trierer Kloster St. Maximin lagen, sei ihr im Traum erschienen mit der Bitte, seine sterblichen Überreste nach Braunschweig zu überführen. So reiste Gertrud nach Trier und nahm mit einer List die Gebeine des Heiligen mit. Die Legende besagt, auf dem Rückweg seien die Pferde mit dem Wagen auf dem Köpfeberg stehen geblieben und nicht mehr zum Weiterfahren zu bewegen gewesen. So hatte die Markgräfin dort ihr Kloster gegründet. Seit dem Jahr 1200 wird der heilige Auctor von den Braunschweiger Bürgern als ihr Schutzpatron verehrt. In diesem Jahr belagerte Philipp von Schwaben im staufisch-welfischen Thronstreit mit seinem Widersacher Otto IV. die Stadt. Der Heilige Auctor sei nachts mit einem Schwert auf den Stadtmauern erschienen und hätte so die

Belagerer zum Abzug bewegt.

Im Jahr 1350, nach der überstandenen Pest, legte der Rat der Stadt seinen Todestag, den 20. August, als Festtag fest. Seine Gebeine wurden in einer großen Prozession um die Stadtmauern getragen, dazu sangen die Gläubigen:

Hier liegt der Sankt Auctor, ein heiliger Mann, unser Vertrauter, der für uns kämpfen kann.

De leve here sunt Autor / de is eyn hillich man, / is unse procurator, / de vor uns striden kan.

Der Heilige Auctor galt nun als Helfer bei der Lösung von Konflikten. Als die schweren Unruhen in den Jahren 1445 und 1446 gütlich beendet werden konnten, stiftete der Rat der Stadt aus Dankbarkeit einen neuen Reliquienschrein. Der Abt des Aegidienklosters Bertold Meier schrieb aus Anlass der 1457 erfolgten Umbettung der Reliquien in den neuen silbernen Schrein die „Legenden und Geschichten des Klosters St. Aegidien zu Braunschweig" nieder. Das Aegidienkloster wurde so zu einem weithin bekannten Pilgerziel. Diese Auctor-Chronik wird heute als wertvolle Handschrift im Museum August Kestner in Hannover aufbewahrt.

Nach heutigen Erkenntnissen sind nur ein Bruchteil der als Reliquien verehrten Überreste echt, der Großteil ist nicht authentisch, wird aber als Reliquien verehrt. Für die Menschen des Mittelalters war allein der Glaube an ihre Wirkung wichtig. Aufbewahrungsorte bedeutender Reliquien entwickelten sich zu einem Pilgerziel für Gläubige, die sich von den Reliquien Hilfe und Schutz erhofften. Die Wallfahrtsorte profitierten natürlich auch wirtschaftlich vom Strom der Gläubigen.

Herzog Anton Ulrich fand das erste Mal die Reliquien des Heiligen wieder und versah sie 1710 mit einer Tumba. Diese wurde bereits 1789 bei dem Bau einer Sakristei wieder entfernt. 1938 und 1976 öffneten Archäologen abermals das Grab und fanden ein Bleikästchen mit Reliquien, das in einen Holzkasten gelegt war. Eine neue Grabplatte bezeichnet seit einigen Jahren die Grabstelle des Heiligen Auctors im Chor der Aegidienkirche.

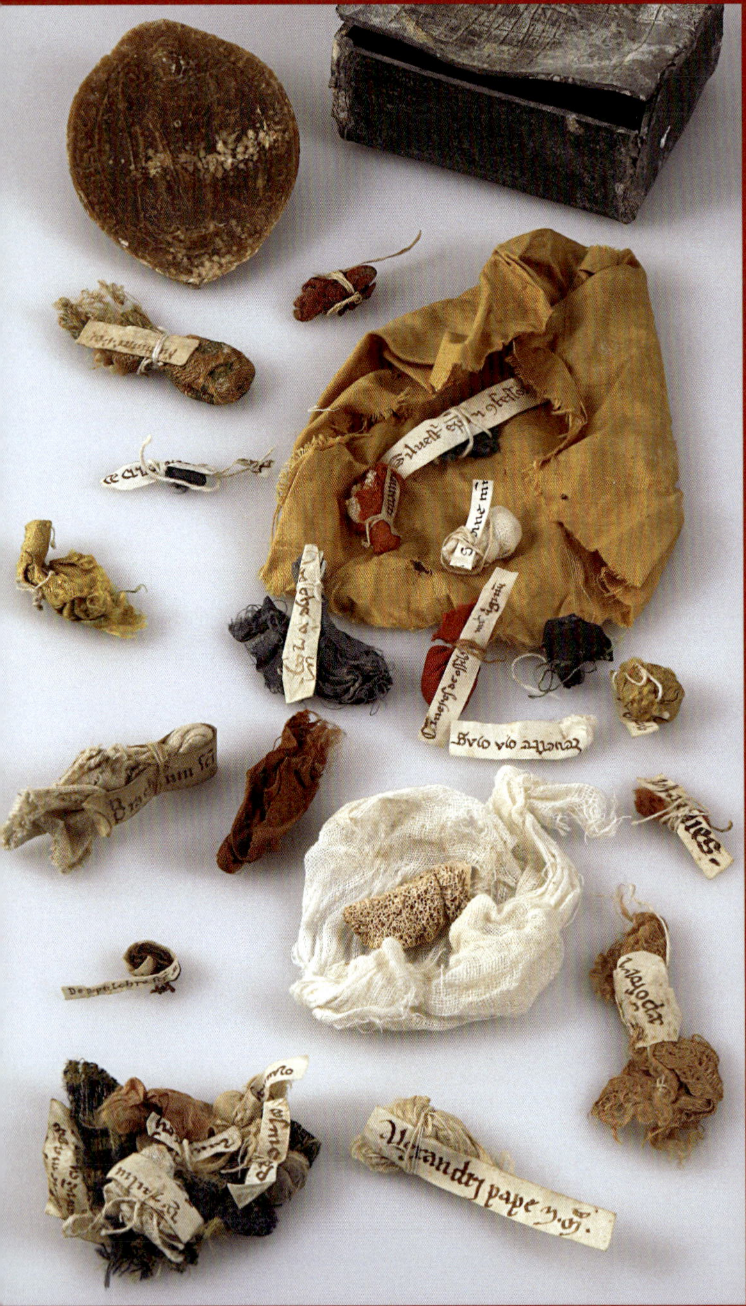

Reliquienkästchen mit Wachssiegel, Blei, Wachs. Reliquien in Stoff eingeschlagen, mit Pergamentstreifen, Seiden- und Leinengewebe, Knochen, Pergament
Kästchen Höhe 7 cm, Länge 10 cm, Breite 7 cm
Wachssiegel Höhe 9 cm, Breite 7 cm
Reliquien unterschiedliche Größen
Vermutlich 13. Jahrhundert
Ev.-luth. Kirche Klein Schöppenstedt, Landkreis Wolfenbüttel

Über mittelalterliche Reliquiendepots aus Dorfkirchen ist bisher wenig bekannt. Daher ist der Fund aus der Kirche von Klein Schöppenstedt, südöstlich von Braunschweig gelegen, aufgrund seiner Vollständigkeit und des hervorragenden Erhaltungszustands ein besonderer Glücksfall. Das Reliquiendepot war in die obere Umfassung der Sakramentsnische eingemauert und wurde bei Arbeiten zur Innenrenovierung der Kirche im März 1984 entdeckt.

Ursprünglich stand das Bleikästchen im Altar, dem sakralen Zentrum der Kirche. Es wurde bei der Weihe des Altares in das sogenannte Sepulcrum, eine Vertiefung in der Altarmensa, eingelassen und mit einer Steinplatte verschlossen. Das erhaltene Siegel aus braunem Wachs, das auf dem Deckel des Kästchens angebracht war, verrät uns die Identität des weihenden Bischofs: Volrad von Kranichfeld, Bischof von Halberstadt (1254/55–1296), in dessen Diözese Klein Schöppenstedt lag. Unklar bleibt, wann das Kästchen samt Inhalt aus dem Altar entfernt und in die Fassung der Sakramentsnische umgebettet wurde – möglicherweise geschah dies bei Altarumbauten im Zusammenhang mit den reformatorischen Ereignissen, möglicherweise aber auch erst während der Baumaßnahmen Anfang des 19. Jahrhunderts. Dabei erhielt die Kirche eine neue Ostwand, in die die Sakramentsnische aus der alten Apsis integriert wurde.

Wie üblich waren die im Kästchen deponierten Heiligenreliquien in Textilien gehüllt. Daran wurden kleine Pergamentstreifen (Cedulae) befestigt, die den Namen des Heiligen nennen und so die Reliquien identifizieren und authentifizieren. Der Klein Schöppenstedter Bestand enthält rund 20 Stoffe ganz unterschiedlicher Beschaffenheit, vom einfachen ungefärbten Leinen bis hin zu kostbaren farbprächtigen Seidenstoffen. Die Vielzahl von Textilien hoher Qualität – bei den Seidenstoffen handelte es sich um teure Importware – erklärt sich vermutlich aus der Verbindung der Klein Schöppenstedter Kirche mit dem benachbarten Zisterzienserkloster Riddagshausen. Die Mönche hatten das Dorf in der ersten Hälfte des 13. Jahrhunderts zu einer Grangie umgestaltet und waren die Patronatsherren der Kirche. Die Cedulae ermöglichen einen Blick auf den Reliquienbestand: Neben einer Christus- und zwei Marienreliquien wird vor allem eine Reihe von spätantiken Märtyrern wie Laurentius, Mauritius und Pankratius genannt, die als frühe Blutzeugen des Glaubens in der ganzen Christenheit hoch verehrt waren. Die Pergamentzettelchen sind von unterschiedlichen Händen beschrieben und lassen sich aufgrund der Schrift größtenteils in das 12./13. Jahrhundert datieren.

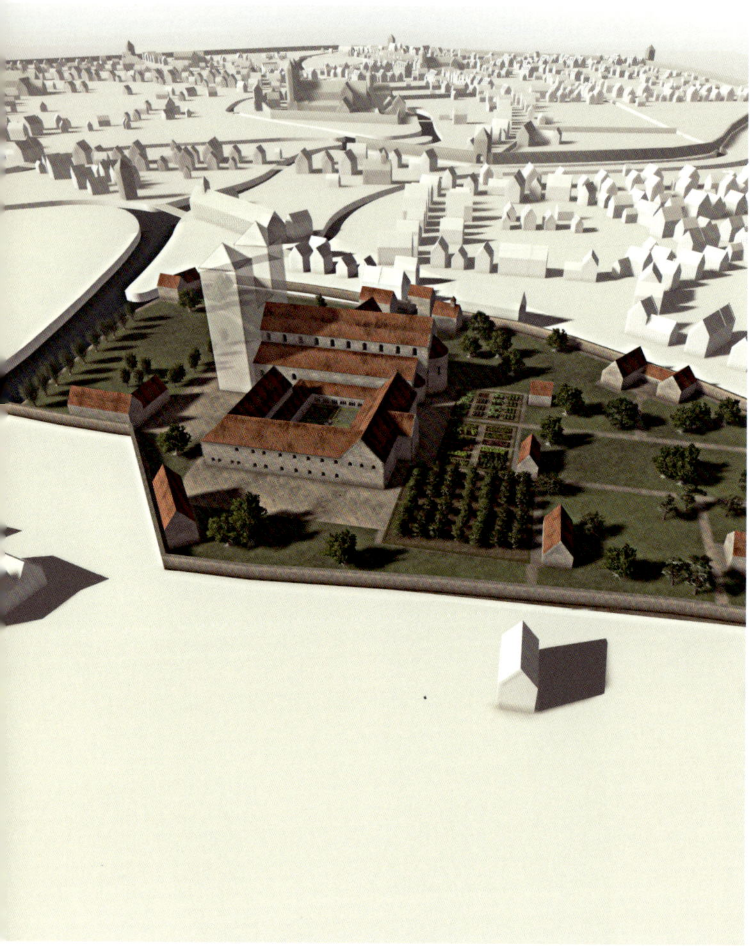

Das Aegidienkloster hatte auf dem Köpfeberg, eine der höchsten Erhebungen in der Stadt, eine exponierte Lage. Im Hintergrund das mittelalterliche Braunschweig.

Das Kloster im Mittelalter: mittendrin und doch getrennt

Seine Mönche sollten „sich dem Treiben der Welt entziehen", schrieb der Heilige Benedikt. So war es Anspruch der frühen Klöster, sich in unbesiedelten Gegenden, fernab menschlicher Ansiedlungen niederzulassen. Die mittelalterlichen Klöster hingegen lagen auch dicht an oder in städtischen Siedlungen, dass ein absoluter Verschluss nicht möglich war. Als die Benediktinermönche ihr Kloster auf dem Braunschweiger Köpfeberg anlegten, lebten in der Stadt bereits mehrere Hundert Menschen. Auch wenn das Kloster durch eine Mauer von der Stadt abgetrennt war, nahmen die Mönche wichtige Funktionen in der städtischen Gesellschaft wahr.

Über das Aegidienkloster im Mittelalter wissen wir relativ wenig. Von dem zerstörerischen Brand 1278 wurde die Entwicklung wohl kaum beeinträchtigt und der Wiederaufbau konnte schnell ausgeführt werden. Der häufige Wechsel von Äbten deutet aber auf Spannungen im Konvent hin, so dass kaum Kontinuität im Klosterleben möglich war. Erst im 14. Jahrhundert setzte eine Periode der Konsolidierung ein, verbunden mit einer Konzentration des Grundbesitzes. Dieser wirtschaftliche Aufschwung setzte sich im 15. Jahrhundert fort. Dies war auch eine geistig intensive Phase, in der besonders viele studierte Mönche im Kloster lebten.

Das Kloster war nicht nur ein geistlicher Stützpunkt des Glaubens, es war als Grundherr über seine Ländereien Teil des weltlichen Feudalsystems des Mittelalters. Die Hörigen bewirtschafteten den Grundbesitz des Klosters und zahlten Abgaben, häufig in Naturalien. Dafür gewährte das Kloster ihnen Schutz und Unterstützung in Kriegs- und Gefahrenzeiten. Klöster waren Anlaufpunkt für Reisende, die dort eine Unterkunft fanden. Die Mönche betrieben Handwerk, Landwirtschaft und Handel und waren so Teil des mittelalterlichen Wirtschaftssystems. Dazu konnte das Kloster Gelder verleihen wie heute eine Bank. Wie viele Klöster hatte auch das Aegidienkloster eine Schule, die den Söhnen von Braunschweiger Bürgern offen stand.

Im späten Mittelalter verblassten die weltlichen Funktionen der Klöster, die Städte traten an ihre Stelle. Mit den mittelalterlichen Stadtgründungen ergab sich für die Mönche zunächst noch die Aufgabe der Sozialfürsorge für die Unterschicht und die Kranken- und Altenpflege in den Städten. Diese wurden bald jedoch meist von den neu gegründeten Bettelorden wahrgenommen.

Oft wurden die späteren Mönche dem Kloster schon im Kindesalter übergeben, andere legten erst als Erwachsene das Gelübde ab. Alle bereiteten sich als Novizen auf ihr Leben im Kloster vor, erst wenn jemand als geeignet angesehen wurde, konnte er das Gelübde ablegen und somit in die klösterliche Gemeinschaft aufgenommen werden. Der Eintritt in ein Kloster war meistens verbunden mit einer Opfergabe der Familie an das Kloster, weshalb die Mönche meist adeliger Herkunft waren. Erst allmählich öffneten sie sich für andere Schichten und nahmen auch Unfreie auf. Den Familien dienten die Klöster auch als Unterhalt und zur Unterbringung für die jüngeren Söhne, die kein Erbe zu erwarten hatten oder körperlich für den Militärdienst nicht geeignet waren. Frauen kamen oft als unverheiratete Mädchen in ein Kloster. Sie erhielten in den Klöstern eine umfassende Bildung, lernten lesen und schreiben.

Im Kloster herrschte eine klare und straffe Organisation. Abt, Pförtner, Cellerar, Bibliothekar, jeder hatte in der Gemeinschaft einen festen Platz. Die Aufgaben und die Stellung zueinander schrieb die Benediktsregel fest.
Die schweren körperlichen Arbeiten verrichteten die Mönche meist nicht selbst, sondern beschäftigten dafür Konversen. Diese Laienbrüder waren rechtlich nicht gleichgestellt mit den anderen Mönchen, sie waren keine vollwertigen Mitglieder des Konventes.

Die Benediktsregel umfasste ebenfalls Vorschriften für den Tagesablauf und die tägliche Arbeit. Das gemeinschaftliche Chorgebet gab dem Tag einen Rahmen. Sieben Mal am Tag und um Mitternacht trafen sich die Mönche, um gemeinsam zu beten. Die Gebetszeiten orientierten sich an der Länge des Tages. Die Zeit zwischen Sonnenauf- und Untergang wurde in zwölf gleich lange Abschnitte geteilt, die im Winter kürzer waren, im Sommer länger. Zwischen 1 und 2 Uhr morgens trafen sich die Brüder zu den Vigilen, dem Nachtgebet. Vom Schlafsaal der Mönche, dem Dormitorium, führte eine Treppe direkt in den Kreuzgang an der Kirche, so dass der Weg in die Kirche für die Mönche kurz war. Die Zeit bis zur Laudes, dem Morgenlob bei Sonnenaufgang, verbrachten die Mönche entweder mit Schlafen oder in Meditation. Die Zeit danach war für Handarbeiten, geistige Lesungen oder die Arbeit im Scriptorium vorgesehen. Weitere Gebete gab es gegen 6 Uhr zur Prim, 9 Uhr zur Terz, um 12 Uhr zur Sext, um 15 Uhr zur Non und um 17 Uhr zur Vester. Die Komplet, das Nachtgebet, beendete den Tag.

Die Kleidung der Mönche sollte nicht nur Schutz vor Witterung und Kälte bieten und arbeitstauglich sein, sie war ebenso eine Kenntlichmachung der Standeszugehörigkeit. Das schlichte Mönchsgewand drückte Demut gegenüber Gott und der Regel des Benedikt aus, die gemeinschaftliche Armut und Askese und die Gleichheit der Brüder. Das feierliche Schwarz war seit dem 13. Jahrhundert das Erkennungszeichen der Benediktiner.

Den Landbesitz, den die Markgräfin Gertrud dem Kloster bei der Gründung übergeben

hatte, vergrößerte das Kloster in den folgenden Jahrhunderten. Durch Landkäufe und Schenkungen wuchsen die Klostergüter immer mehr. Adelige und bürgerliche Familien stifteten dem Kloster zudem Land, die Nutzung von Gärten oder den Mietzins an Häusern. Dafür waren die Mönche verpflichtet, im Todesfall des Stifters oder seiner Familienangehörigen die Toten- und Seelenmessen zu zelebrieren und an den Jahresgedächtnissen Gottesdienste zu feiern. Mit anderen Klöstern und Stiften, aber auch Rittern und adeligen Grundherren tauschten sie weit entfernt liegenden Grundbesitz zur Arrondierung ihrer Ländereien.
Der Abt und der Kämmerer des Klosters verwalteten den umfangreichen Landbesitz. Die Einnahmen mussten überprüft und weiter verteilt werden. Einen Großteil der Abgaben leisteten die Hörigen, die auf dem Besitz arbeitenden Personen in Naturalien ab, so dass diese entsprechend gelagert werden mussten. Was die Mönche und das Kloster selbst an Korn, Vieh, Fleisch, Fisch usw. nicht verbrauchten, wurde verkauft.
Ein mittelalterliches Kataster weist aus, dass auch innerhalb der Stadtmauern viele Häuser, Gärten und Werkstätten dem Kloster zinsverpflichtet waren.

Über die im Aegidienkloster lebenden Mönche und ihre Äbte ist kaum etwas bekannt. Nur wenige Personen haben mehr Spuren hinterlassen und sind gut untersucht. So unter anderem

Abt Heinrich Woltorp, der spätere Bischof von Lübeck. Er stammt aus Brüssel und studierte dann in Paris. Nach Abschluss der Studien ging er an die Domschule Hildesheim und kam später nach Braunschweig. Als rector scolarum lehrte Woltorp zunächst am Blasiusstift. Einer Weisung Gottes nach, die ihm in einem Traum schienen war, trat er in das Aegidienkloster ein. 1162 wurde der Mönch zum Abt gewählt, er stand dem Kloster elf Jahre lang vor. Heinrich der Löwe suchte oft seinen Rat und als der Herzog seine Pilgerreise ins Heilige Land antrat, gehörte der Aegidienabt zu seiner Begleitung. Sein Freund, der Chronist Arnold von Lübeck, berichtet über viele Details, die Heinrich ihm über diese Reise anvertraute, in seiner Chronica slavorum. Nach der Rückkehr wurde Heinrich zum Bischof von Lübeck ernannt. Dort wirkte er bis zu seinem Tod 1182.

Der Abt Bertold Meier (Abt 1451–1467?) ist eine der faszinierendsten Persönlichkeiten in der Klostergeschichte. Um 1410 wurde er in eine Braunschweiger Bürgerfamilie geboren, bis 1435 studierte er in Leipzig bis zur Erlangung des philosophischen Baccalaureats. 1446 erlangte er in Padua den Dr. jur. Eigentlich sollte er dann Abt des Benediktinerklosters St. Johannis Baptista auf dem Berge bei Magdeburg werden, doch der Erzbischof von Magdeburg verweigerte ihm die Confirmation. Vermutlich, weil sich das Kloster weigerte, der Bursfelder Kongregation beizutreten. Nach vielen Streitigkeiten kam es zu einem

Vergleich, in dem Meier auf den Abtstuhl von Kloster Berge verzichtete. Ein Jahr später wurde er zum Abt des Aegidienklosters gewählt. Auch hier versuchte Herzog Heinrich der Friedsame, den Beitritt zur Bursfelder Kongregation zu erwirken. Doch das Kloster wehrte sich, nicht zuletzt, weil es seine Selbstständigkeit gegenüber dem Landesherren hätte abtreten müssen. Als Kardinallegat bewirkte Nikolaus von Kues schließlich eher das Gegenteil, Bertold Meier erhielt vom Papst eine Bestätigung der alten Privilegien. So ist St. Aegidien eines der wenigen Benediktinerklöster im deutschsprachigen Raum, das nicht der Bursfelder Kongregation angehörte.
1457 verfasste Bertold Meier „Dat Levent und de Overhalighe des hilghen Gebeentes sancti Autoris". Anlass für diese in mittelniederdeutsche Sprache verfasste Chronik über den Stadtpatron war die Umbettung der Reliquien in einen von der Stadt gestifteten Schrein.
Die Chronik machte das Aegidienkloster als Pilgerziel bekannt und gilt auch als sprach- und kulturgeschichtlich wichtiges Relikt. Abt Bertold Meier war so nicht nur Theologe, Wirtschaftsmanager und kluger Jurist, sondern auch Literat und Dichter.

Die weitere Geschichte des Aegidienklosters bis zur Reformation ist im Dunkeln der Geschichte verborgen. Vermutlich konnte sich der wohl kaum mehr als 20 Mönche umfassende Konvent nicht vom schweren Jahr 1473 erholen, als durch die Pest sieben Brüder starben, durch andere Krankheiten noch zwei weitere und der Prior.

Zu Beginn des 16. Jahrhunderts führten die Mönche wohl eher ein Leben als Kanoniker mit Einzelpfründen, persönlichem Besitz und eigener Wohnung. Die vita communis löste sich mehr und mehr auf. Ob es noch ein gemeinsames Chorgebet gab, ist unsicher.

Lindenholz, rückseitig bis zum Nacken Mariens ausgehöhlt, Reste von Fassung, zahlreiche Fehlstellen
Höhe 45 cm, Breite 19 cm, Tiefe 14 cm
Niedersächsisch, um 1200
Braunschweigisches Landesmuseum
VMB 5709

Thronende Muttergottes

In strenger Frontalität und hoch aufgerichtet sitzt Maria auf einem schlichten Kastenthron mit seitlichen Pfosten. Unbewegt ist der Kopf, geschmückt mit einem Kronreif, das Haar wohl von einem Schleier bedeckt, geradeaus gerichtet; ihr rechter Arm ist angewinkelt und vorgestreckt, in der rechten verlorenen Hand wird sie ursprünglich ein Attribut, ein Zepter oder ähnliches, gehalten haben. Sie ist bekleidet mit einem gegürteten Untergewand und einem Mantel. In eigenartiger, nicht recht vorzustellender Weise hält sie das mit einem langen Gewand bekleidete Jesuskind, dessen Kopf verloren gegangen ist, auf dem linken Arm, gehalten von ihrer linken Hand. Das Kind ist sitzend dargestellt, die Füße ruhen auf dem linken Oberschenkel Mariens. Die Rechte Jesu war segnend vor der Brust Mariens erhoben, in der Linken hält er ein Buch.

Der Typus der streng axial und hieratisch thronenden Muttergottes lässt sich in der Zeit um 1200 gut belegen. Im Vordergrund steht dabei die Rolle Mariens als „sedes sapientiae“ (Sitz der Weisheit), also als Thronsitz für Jesus Christus. Dazu passt hier die steil aufgerichtete, thronende Haltung des Kindes auf dem Unterarm Mariens. Auch die in der Achse des Gesichtes der Maria erhobene segnende Hand Jesu sowie die streng vertikal verlaufenden Falten des

Gewandes der Maria betonen die hoheitsvolle Ausstrahlung.

Die Figur ist durch früheren Schädlingsbefall schwer beschädigt, Einzelheiten, z. B. im merkwürdig grob wirkenden Gesicht der Maria, sind kaum auszumachen. Die fehlenden Partien, Kopf Christi, rechte Hand Christi, linke Hand Mariens, sind allerdings kaum dem Schädlingsbefall geschuldet; hier ist zu vermuten, dass unsachgemäße Behandlung oder ein schwerer Sturz diese Verluste verursacht hat. Der Gesamteindruck ist durch die unruhige und verlustreiche Oberfläche und diese Fehlstellen erheblich beeinträchtigt, eine Gesamtbeurteilung der Skulptur kaum möglich.

Die Skulptur stammt aus der Kapelle des Dorfes Wrescherode (heute ein Stadtteil von Bad Gandersheim) und gelangte über den Geschichtsverein im Jahr 1911 in das Braunschweigische Landesmuseum.

Lindenholz, rückseitig abgeflacht,
neuere Fassung (?), unteres Ende beschnitten
Höhe 33 cm, Breite 14 cm, Tiefe 12 cm
Niedersachsen, um 1500
Braunschweigisches Landesmuseum
VMB 6347

Anna Selbdritt

Die Figur der Anna Selbdritt führt in hoheitsvoller Strenge die Abstammung Jesu vor Augen: Jesus Christus wird ohne Sünde durch den Heiligen Geist empfangen und geboren, während seine Mutter Maria durch die Gnade Gottes bereits im Moment der Empfängnis von der Erbsünde befreit wurde. Komplizierte theologische Kontroversen darüber führten bereits im 9. Jahrhundert zur Feier der Unbefleckten Empfängnis (Immaculata Conceptio), zum Dogma erhoben wurde sie durch Papst Pius IX. erst 1854. Auch wenn Anna, die Mutter Mariens, in diesen Gedanken eine eher untergeordnete Rolle spielte, steht sie als Kulminationspunkt dieser Überlegungen in der bildenden Kunst im Zentrum, wie auch der Name dieser Bilderfindung belegt.

So sind bei der vorliegenden Figur drei Personen gemeinsam dargestellt, die aber nicht miteinander agieren und kommunizieren. Im Gegenteil, die Skulptur führt eine etwas trockene Addition von Anna, Maria und Jesus vor, vielleicht mit dem Ziel, die Würde und Hoheit der Dargestellten zu betonen. Anna ist dabei als Basis für die sich entwickelnde Heilsgeschichte charakterisiert, indem sie, scheinbar mühelos, ihre Tochter Maria und das nackte Kind rechts und links auf den Armen hält. Die Kleidung Annas mit Gebende und Kopftuch in Weiß, langem goldfarbenem

Kleid und blauem, ehemals rot gefütterten Mantel charakterisiert sie als verheiratete, ältere Frau. Maria ihrerseits in einem grünen Kleid erscheint als frommes Mädchen, das ein (Gebet-)Buch in den Händen hält und vom Lesen aufschaut, während Jesus Christus als Weltenherrscher die blaue Erdkugel hält, seine linke, verlorengegangene Hand war wahrscheinlich im Segensgestus erhoben.

Die Figurengruppe ist unten gerade abgeschnitten, wahrscheinlich wegen starker Beschädigungen, so dass das Standmotiv Annas und der Gewandsaum nicht zu erkennen sind. Auch der rechte Arm Christi und sein rechtes Bein unterhalb des Knies sind verloren gegangen. Die Strenge und Würde der Darstellung macht eine Entstehung der Skulptur im späten Mittelalter wahrscheinlich; die wohl erneuerte Farbfassung gibt möglicherweise die ursprünglichen Farben wieder.

Die Skulptur stammt angeblich aus einer Marienkapelle aus Marienthal (bei Helmstedt) und wurde 1913 an das Museum geschenkt.

To allen Christ gelöuigen fromen mynschen beßondern der statt Brunß-wygk/ D. Godschalci Crußen Wörumme hee gheweken vth synem kloester eyn vn-derrichtunghe.

253. 1. 2 Quod. (1)

Der Mönch Gottschalk Kruse brachte die Lehren Martin Luthers nach Braunschweig. Seine ersten reformatorischen Predigten hielt er im Aegidienkloster.

Gottschalk Kruse und die Reformation

Die Reformation ist nicht nur die größte Zäsur in Geschichte des abendländischen Mönchstums, sondern auch in der Geschichte der Orden, denn Martin Luthers Thesen spalteten die Brüder. Die folgenden Jahrhunderte standen im Zeichen der Konfrontation beider Konfessionen. Luthers Meinung, jeder Mensch könne sich die Wahrheit der Heiligen Schrift erschließen und allein Christus, nicht die Kirche, besitze Autorität über die Gläubigen, brachte das traditionelle Glaubensbild ins Wanken. Dass Gnade nur durch Gott möglich und allein die Bibel und nicht eine jahrhundertealte kirchliche Tradition die Grundlage des Glaubens sei, hatte Auswirkungen auf das Selbstverständnis der klösterlichen Gemeinschaften.

Im Aegidienkloster herrschte eine große Offenheit gegenüber Luthers Thesen. Die Reformation, die dem Kloster den Untergang brachte, ging von diesem direkt aus. Als einziges Benediktinerkloster wurde es zum Initiator der Reformbewegung.

Denn der Mönch Gottschalk Kruse studierte an den reformatorischen Universitäten von Erfurt und Wittenberg. Nach seiner Rückkehr durfte er 1521/23 im Refektorium des Aegidienklosters vor den Braunschweiger Bürgern seine reformatorischen Predigten halten. In seiner Rechtfer-

tigungsschrift „To allen Christ gelovigen fromen mynschen beßondern der statt Brunswyck, D Godschalci Crußen Wörumme hee ghewecken wth synem kloester eyn unterrichtunghe“ gibt er die Gründe an, warum er zu einem Anhänger der Reformen Martin Luthers wurde.
Es ist das persönliche, aufrichtige Glaubensbekenntnis eines Menschen, der unbefangen von erlittenen Erfahrungen und Überzeugungen berichtet aus einer Zeit der schweren, die Menschen tief verunsichernden Glaubenskrise.

„... und bekenne hier offenbar vor Gott und der Welt, dass ich alle diese vorige Zeit, und besonders als ich zu meinen verständigen Jahren gekommen war, in so großer Angst und Betrübnis meines Gewissens und meines Herzens gearbeitet habe und so mannigfachen Weg zu Gott gesucht, aber sehr wohl in meinem Herzen gefühlet, dass ich noch auf dem rechten Wege nicht gewesen bin...“.

Nach dem Lesen einer Schrift von Luther bekennt er:

„... habe ich vermerket und gefühlet dort mehr Geistes und Wahrheit als in anderen Büchern... Was ich aber für Trost und Wahrheit in seinen Büchern gefunden habe, kann ich hier niemandem offenbaren, sondern einem jeglichen, der seine Bücher gelesen hat oder liest, zu erkennen stellen.“

Die Vorlesungen von Kruse über das Matthäusevangelium im Aegidienkloster fanden viele

Zuhörer. Doch auf Anraten des Abtes musste er sich nach Volkmarode zurückziehen, da er beim Herzog angeklagt worden war. Bald jedoch kehrte er nach Braunschweig zurück und nahm seine Vorlesungen wieder auf. Doch er musste wieder fliehen, entwischte aber auch dieses Mal den herzoglichen Verfolgern. Das Leben in Braunschweig wurde ihm zu unsicher, so dass er nun als Geistlicher in Celle, schließlich in Harburg wirkte. Hier starb er 1540.

Ab 1526 nahm die Anhängerschaft Luthers auch in Braunschweig zu, in den seit Anfang 1528 in allen Teilstädten abgehaltenen Bürgerversammlungen wurde die Einführung der lutherischen Predigt und die evangeliumsgemäße Abendmahlsfeier verlangt. Ostern 1528 wurde der Lutherschüler Johannes Bugenhagen nach Braunschweig gerufen, um eine protestantische Kirchenordnung für die Stadt zu entwerfen. Am 5. September desselben Jahren führte der Rat der Stadt die Reformation ein.
Im selben Jahr trat der Abt des Aegidienklosters Dietrich Koch selbst zum protestantischen Glauben über. Seit diesem Zeitpunkt gab es keine Messen der Mönche mehr in der Kirche, es ist das Ende der benediktinischen Zeit des Klosters.

Koch übergab 1542, jetzt verheiratet, das Kloster mit allen Gütern, Gerechtsamen und Einkünften gegen Unterhaltsleistungen und freie Wohnung an die Stadt und verzichtete auf alle Rechte. Damit löste sich der Konvent der Benediktiner auf.

Der Rat der Stadt setzte einen Vorsteher des Klosters ein, in der Regel zwei oder drei Personen, zumeist die Bürgermeister der Altstadt oder der Altewiek. Diese Provisoren verpachteten die im Landwehrbereich und im Einflussgebiet der Stadt befindlichen Äcker und Wiesen an Bürger der Stadt. Ein Klosterverwalter führte die Bücher über die Erbzinsen und Pachtgelder. Diese Verwaltung des Klosters auf dem Ackerhof für einen Restteil der Klosterfluren bestand noch bis ins 18. Jahrhundert. Die Klostervorsteher übten auch das Patronat über die Aegidienpfarrei aus und die Aufsicht über den Frauenkonvent, ebenso die Gerichtsbarkeit in der Aegidienfreiheit. Diese Funktionen gingen 1680 an die vom Landesherrn ernannten Pröpste über. Den umfangreichen Besitz im Herzogtum übertrug der erste protestantische Herzog Julius dem Konvikt der 1576 gegründeten Universität Helmstedt.
Die Herrschafts- und Vermögensrechte des Klosters blieben bis 1671 aufgeteilt zwischen den Fürsten von Braunschweig-Wolfenbüttel und der Stadt. Von den Einkünften unterhielten die in der Stadt seit 1542 eingesetzten Treuhänder des Klosters die 1528 zu St. Aegidien eingerichtete Pfarrei für die Aegidienfreiheit, die Aegidienschule, und seit etwa 1605 auch den Frauenkonvent, der bis dahin in der Klause St. Leonhard gewohnt hatte.

Sooft etwas Wichtiges im Kloster zu behandeln ist, soll der Abt die ganze Gemeinschaft zusammenrufen und selbst darlegen, worum es geht.

Benediktsregel Kapitel 3, 1

Nach der Säkularisation wurde die Aegidienkirche als Raum für Großveranstaltungen genutzt. Im März 1871, als der Friedensschluss im Deutsch-Französischen Krieg geschlossen wurde, versammelten sich hier 600 französische Soldaten.

Wechselnde Bewohner: Das Aegidienkloster vom 16. bis 19. Jahrhundert

Mit der Reformation 1528 stellten die Benediktiner den Gottesdienst in der Aegidienkirche ein. Danach entstand eine neue, protestantische Stadtpfarrei in der Kirche. Die Klostergebäude bewohnten ab 1542 zunächst die Zisterzienserinnen vom Heiligenkreuz auf dem Rennelberg. Nach der Verwüstung der Klause bei St. Leonhard in der südöstlichen Feldmark Braunschweigs bezog der bis dahin dort wohnende Frauenkonvent 1605 das Aegidienkloster. Diese Gemeinschaft alleinstehender Frauen widmete sich hauptsächlich der Mädchenbildung nach der protestantischen Lehre. Im 18. Jahrhundert lebten zwölf Konventualinnen mit einer Domina im Kloster unter dem Patronat des Klosterprobstes bzw. der Klosterstube.

Der Aufbau eines stehenden Heeres im Zeitalter des Absolutismus führte dazu, dass große Gruppen von Soldaten mit Frauen und Kindern in die Garnisonsorte zogen. In Braunschweig zählten in der 2. Hälfte des 18. Jahrhunderts 10-15% der Bevölkerung zu den Militärbediensteten. Herzog August Wilhelm (1714–31) betrieb die Herrichtung repräsentativer Garnisonskirchen und ließ die mittelalterliche Einrichtung der Aegidienkirche barock erneuern. Das Nebeneinander der kleinen Aegidiengemeinde und der selbstbewusst auftretenden Garnisonsgemeinde verlief aber nicht spannungsfrei. Als Ersatz für die Aegidienschule, die 1759 mit der Waisenhausschule vereinigt worden war, erfolgte 1795 schließlich die Einrichtung einer Garnisonsschule.

Das Königreich Westfalen unter Jerôme Napoléon löste mit dem Säkularisierungsdekret vom 1.12.1810 alle Kapitel und Klöster auf. So verfügte die westfälische Regierung Ende 1811 über die Nutzung der Aegidienkirche als Militärdepot, Kohlen-, Torf- und Salzmagazin. Die Aegidiengemeinde wurde mit der Magnigemeinde vereinigt, die Garnisonsgemeinde aufgelöst.
Nach der Wiederherstellung des Herzogtums Braunschweig-Wolfenbüttel als Herzogtum Braunschweig in den Jahren 1813–1815 blieb die Pfarrei aufgehoben. Für den Frauenkonvent änderte sich zunächst nichts, 1818 wurde noch eine neue Domina ernannt. Erst 1832 verwandelte die Regierung die Konventsgebäude in ein Gefängnis und versetzte die Konventualinnen in die Kleine Burg, der Frauenkonvent bestand dort noch bis 1937/1938 weiter.

Die Gefangenen der Braunschweiger Justiz zogen nun in die ehemaligen Klosterräume. Im einstigen Klosterhof als Richtplatz der Landesstrafanstalt fanden die Hinrichtungen der Verurteilten statt. 1885 übte der Henker dort vermutlich zum letzten Mal sein schauerliches Amt aus. Anton Giepsz und seine Geliebte Witwe Koszmider waren wegen Mordes und Beihilfe zum Mord an ihrem Ehemann verurteilt worden.

Die Hinrichtung der beiden Verurteilten habe nur 15 Minuten gedauert, wie stolz mitgeteilt wurde.

Die Reste des einstigen Vermögens des Klosters wurden 1832 in das Vermögen des Braunschweiger Kloster- und Studienfonds eingebracht und dort verwaltet.

Das erwachte geschichtliche Interesse der Öffentlichkeit an Denkmälern steigerte auch das Interesse für die Aegidienkirche, so wurde sie 1835/1836 für das 9. Elbmusikfest hergerichtet. Als Aegidienhalle wurde sie fortan für musikalische und gewerbliche Zwecke genutzt, 1837 fand dort zum Beispiel die Trauerfeier für Gotthold Ephraim Lessing statt. Für die Gewerbeausstellung 1877 konstruierte der Architekt Constantin Uhde einen Einbau und ein provisorisches Erweiterungsgebäude im Klosterhof.

Für die Gewerbeausstellung 1877 entwarf der Architekt Konstantin Uhde einige Einbauten für die Aegidienhalle, um den Raum für die Ausstellung nutzen zu können.

Doch die Veranstaltungen waren nicht nur ein angenehmes Vergnügen, wie sich Marie Huch, geborene Gerstäcker, erinnert:

„Die Oratorien wurden in der einstigen Egydienkirche aufgeführt. Einst in der Franzosenzeit zum Pferdestall entweiht, war sie seitdem nicht wieder zum Gottesdienst benutzt worden und wurde nun zu Ausstellungen und Conzerten verwerthet, ohne indessen dem Publikum viel mehr als ein Dach zu gewähren. Namentlich musste man wetterfest gegen Erkältungen sein." (Huch 1978)

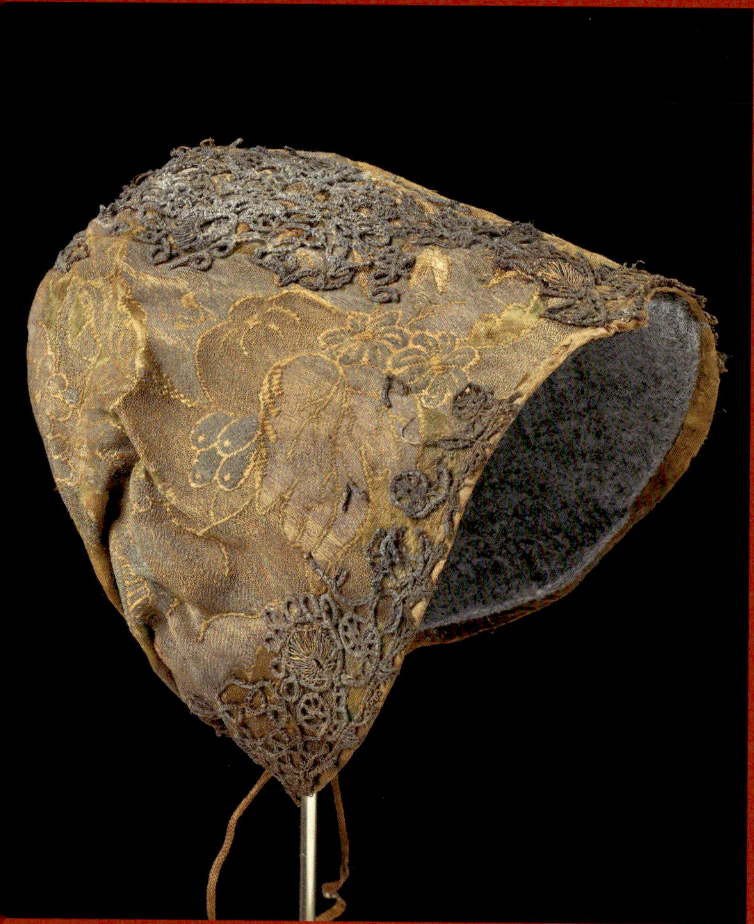

Seide, Leinen, Metalllahn
Höhe ca. 21 cm, Tiefe ca. 19 cm
Vor 1722
Vermutlich Frankreich oder Italien
(Aegidienkirche Braunschweig)
Braunschweigisches Landesmuseum, 78:5/57
Materialanalyse und Schnitt S.190/191

Haube

„Alhier ruhen und erwarten in der allgemeinen Auferstehung der Todten ihre Auferstehung die Gebeine der Weiland hochedelgeborenen Frauen Frauen Dorothea Elisabeth Berghauer, geborene Lüedecken, des Herrn Herrn Martin Berghauers, Ihre Hochfürstlichen Durchlauchten zu Braunschweig und Lüneburg bey dero Zweyten Battallion Guarde bestallten Obrist Lieutenant, gewesene Herzlich geliebten Eheliebsten welche Anno 1692 den 24 Nov. geboren, und Anno 1722, den 20. April in ihrem fünften Kindbette bald nach der Geburt mit ihren jezl geborenen Töchterlein sanft und selig verschieden, ihres Alters 29 Jahre 5 Monate und 5 Tage.“

So steht es auf dem Grabstein der Dorothea Elisabeth Berghauer, die 1722 in der Aegidienkirche beigesetzt wurde. Sie starb 29jährig bei der Geburt ihres fünften Kindes.

Bei archäologischen Ausgrabungen wurde in ihrem Grab eine Haube gefunden, die der Mode im ersten Viertel des 18. Jahrhunderts entspricht. In der Damenmode waren bis zum Tode Ludwigs XIV. von Frankreich hoch toupierte Frisuren in Verbindung mit der Fontagne modern gewesen, einem Häubchen, das auf dem Oberkopf mit zwei, drei oder vier aufragenden gefältelten Spitzenstreifen besetzt war. Nach 1715 entwickeln sich schlichte, am Kopf anliegende Frisuren mit Knoten am Hinterkopf und darüber sitzenden, wesentlich kleineren Häubchen (Jedding-Gesterling 1988, Loschek 2005).

Die Haube besteht aus zwei spiegelbildlichen Schnitt-Teilen, deren Verbindungsnaht wie bei einer Kapuze vom Nacken über den Kopf bis zur Stirn verläuft und in einer kleinen Spitze endet. Die Nahtzugaben sind zu beiden Seiten mit Vorstichen fixiert. Diese sind über dem Hinterkopf so eingehalten, dass sich eine leichte Kräuselung bildet. Zur Versäuberung wurde die untere Schnittkante eingeschlagen und ein – inzwischen jedoch fast vollständig zerfallenes – Leinenfutter anstaffiert. Volumen für den Hinterkopf und die Frisur erhält die Haube außerdem durch je vier Falten, die von der rückwärtigen Mitte nach außen weisen. Ein schmales, geflochtenes Seidenbändchen durchzieht sie in weitem Vorstich. Seine beiden Enden biegen sich wieder zurück zur rückwärtigen Mitte, wo sie wohl zu einer Schleife gebunden wurden (einen Eindruck gibt das – allerdings etwas spätere – Gemälde des Schokoladenmädchens von Jean-Étienne Liotard aus dem Jahr 1744).

Die vordere Schnittkante wird von einem 14 mm breiten Seidenbändchen umfangen, das ursprünglich wohl auch das jetzt zerfallene Futter mitgefasst hatte. Es ist besetzt mit einer goldenen Klöppelspitze, deren gebogte Kante nach innen weist. Die gleiche Spitze verläuft zu beiden Seiten der Mittelnaht, um sie und auch gleichzeitig die leichte Kräuselung über dem Hinterkopf zu kaschieren.

Der vorherrschende Farbeindruck der jetzt eher bräunlich erscheinenden Haube war Gold. Das Muster besteht aus dicht arrangierten Blättern, Blüten und Früchten in Gold und wenig Grün, Silber und einem bräunlich-rötlichen Ton. Es handelt sich um ein hoch kompliziertes, sehr dichtes und festes Doppelgewebe aus Seiden-, Gold- und Silberfäden, das nur auf Webstühlen mit zusätzlicher Mustereinrichtung gewebt werden konnte. Zentren für solch kostbare Gewebe bestanden in Frankreich und Italien, von wo aus die Stoffe nach ganz Europa gehandelt wurden.

Das wertvolle und teure Material der Haube lässt auf einen hohen sozialen Rang der Toten schließen. Das Grab im Mittelschiff der Kirche bestätigt diese Annahme. Hier fanden nur bedeutende Persönlichkeiten ihre letzte Ruhestätte wie ein Abt des Aegidienklosters aus dem 13. Jahrhundert, dessen Grab sich unter dem der Dorothea Berghauer befand. Die Größe der Haube zeigt, dass sie für heutige Verhältnisse eine eher kleine, zierliche Frau gewesen ist.

Martin Berghauer, der Ehemann der Toten, hatte einen hohen Rang beim herzoglichen Militär. Später bekam er einen Adelstitel verliehen. Mit der Nutzung der Aegidienkirche als Garnisonskirche konnten auch in Braunschweig lebende Militärbedienstete und deren Angehörige in der Kirche begraben werden.

Mangelnde Hygiene und fehlende medizinische Kenntnisse ließen viele Frauen bei oder nach der Geburt eines Kindes sterben. Neben Dorothea Elisabeth Berghauer fand die zweite Ehefrau Martin Berghauers, Catharina Engel von Berghauer, ihr Grab. Er hatte sie wenige Jahre nach dem Tod seiner ersten Frau geheiratet.

Aquarell und Gouache auf Elfenbein, verglast und eingefasst in ehemals vergoldeten Silberrahmen, mit Anstecknadel
Höhe jeweils 3,5 cm, Breite 3 cm
Deutsch, um 1788
Braunschweigisches Landesmuseum
ZG 2629g, ZG 2629h

Zwei Miniaturbildnisse
Wilhelmine Stalmann (1764–1835)
Ludwig Stalmann (1752–1819)

Die beiden Miniaturbildnisse, die als Broschen getragen werden konnten, zeigen das Ehepaar Stalmann. Bereits im 16. Jahrhundert begann die Einarbeitung von Bildnisminiaturen in Medaillons, Broschen, Armbänder und Ringe. Die mit Miniaturporträts verzierten Preziosen hatten sehr vielfältige Funktionen, die vom Ehren- bis zum Verlobungsgeschenk reichen konnten. Insbesondere von der Mitte des 18. bis Mitte des 19. Jahrhunderts erfreuten sich diese Preziosen im gehobenen Bürgertum großer Beliebtheit.
Für Liebende hatten die Miniaturen eine tiefe Bedeutung: Gerne tauschte man die Bildnisse untereinander aus, wenn eine längere Trennung bevorstand oder ein Verlöbnis beschlossen wurde. Durch die Kleinheit der Miniatur und ihre Einarbeitung in ein Schmuckstück war ein sehr persönlicher Gebrauch gegeben. Die Liebenden oder auch künftigen Ehepartner hatten so die Möglichkeit, ihre Liebsten ganz nah und dauerhaft bei sich zu tragen.
Die Porträts von Wilhelmine und Ludwig Stalmann sind von der Hand desselben Künstlers gemalt worden. Der malerische Duktus der Miniaturen variiert zwischen flächenhaft aufgetragenen Partien und dem Pointillé-Stil. Insbesondere für die Modellierung der Gesichter der Porträtierten setzte der Maler zahlreiche Pünktchen (Pointillé-Stil) aneinander.

Wilhelmine Stalmann wird im Dreiviertelprofil dargestellt. Mit feinem Lächeln richtet sie ihre bernsteinfarbenen Augen auf den Betrachter. Die grau gepuderten Haare sind kunstvoll zu einer üppigen Frisur, aus der sich im Nacken Locken hervorschlängeln, arrangiert. Eine glänzende Perlenschnur mit hellen Federn ist in ihr Haar eingearbeitet. Das zartgelbe Kleid, das sich kontrastreich von dem dunklen Hintergrund absetzt, entspricht wie die Frisur der Wilhelmine Stalmann der Mode des späten Rokoko.
Ihr Gatte Ludwig Stalmann war seit 1782 Pastor der Aegidien-Kirche in Braunschweig und ab 1798 Superintendent in Vorsfelde. Im Miniaturbildnis wendet sich Pastor Stalmann mit einem feinen Lächeln dem Betrachter en face zu. Er trägt eine der zeitgenössischen Mode entsprechende Perücke, einen dunkelroten Justaucorps (Leibrock) und darunter eine Weste, aus der ein Spitzenjabot hervorschaut.
Die Heirat von Ludwig und Wilhelmine fand im Juli 1788 statt. Das Paar verband eine tiefe Liebe, die aus den Briefen des Pastors herauszulesen ist. So schrieb er ihr am Tag der Hochzeit: *„Meine geliebteste Freundin, ich wünsche Ihnen einen guten Morgen und Ihnen und mir zu dem heutigen Tage von ganzer Seele Glück! […] An ihm wird der Bund der innigsten Liebe und Treue, der schon längst unsere Herzen einander zuneigte, auf ewig geknüpft. Mit welcher Freude muß uns also dieser Tag, der unsere heißesten Wünsche erfüllt, beleben.“ (Stadtarchiv Braunschweig).*

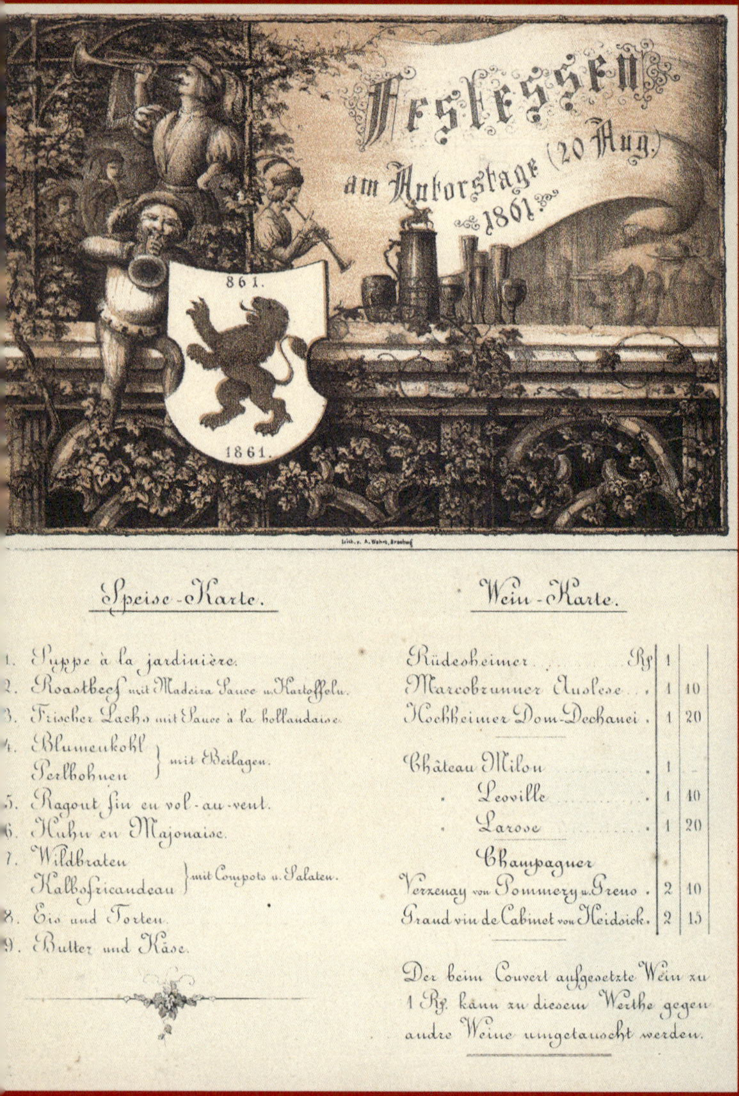

Speise-Karte.

1. Suppe à la jardinière.
2. Roastbeef mit Madeira Sauce u. Kartoffeln.
3. Frischer Lachs mit Sauce à la hollandaise.
4. Blumenkohl / Perlbohnen } mit Beilagen.
5. Ragout fin en vol-au-vent.
6. Huhn en Majonaise.
7. Wildbraten / Kalbsfricandeau } mit Compots u. Salaten.
8. Eis und Torten.
9. Butter und Käse.

Wein-Karte.

Rüdesheimer Rℊ	1	
Marcobrunner Auslese	1	10
Hochheimer Dom-Dechanei	1	20
Château Milon	1	–
" Leoville	1	10
" Larose	1	20
Champagner		
Verzenay von Pommery u. Greno	2	10
Grand vin de Cabinet von Heidsick	2	15

Der beim Couvert aufgesetzte Wein zu 1 Rℊ. kann zu diesem Werthe gegen andre Weine umgetauscht werden.

Papier
Höhe 23 cm, Breite 15,7 cm
1861
Braunschweig
Braunschweigisches Landesmuseum, ohne Nummer

Speisekarte zum Auctortag

Seit die Markgräfin Gertrud der Legende nach die Gebeine des Heiligen Auctors nach Braunschweig brachte und dem Aegidienkloster stiftete, verehrten die Bürger die Auctorreliquien. Mit der Zeit wurde er zum Stadtpatron Braunschweigs, der die Stadt immer wieder beschützte und aus Gefahr rettete.
Im Jahr 1350, nach der überstandenen Pest, legte der Rat der Stadt den Todestag Auctors, den 20. August, als Festtag mit einer feierlichen Prozession fest.

1861 wurde der Tag besonders festlich begangen, denn man feierte in dem Jahr die 1000-Jahr-Feier der Stadtgründung. Fälschlicherweise, wie man heute weiß, berief man sich auf eine Inschrift, die sich am Turm der Jacobikirche befunden haben soll und die Gründung der Stadt durch die gräflichen Brüder Dankward und Bruno für das Jahr 861 belegen sollte.

Im Rahmen der mehrtägigen Feierlichkeiten fand auch ein Festessen in der ehemaligen Aegidienkirche statt. Die Speisenfolge lässt ein großes Bankett erahnen.
Auf der Rückseite der Karte sind die langen Tafeln im ehemaligen Kirchenraum, mit Platznummern versehen, aufgezeichnet.

Auch die ehemaligen Klosterräume nutzte das Vaterländische Museum als Ausstellungsfläche. Im Kreuzgang präsentierte es vor allem kirchliche Objekte und Architekturteile. Im Stile der Zeit waren möglichst viele Objekte neben- und übereinander aufgehängt worden (Foto vor 1935).

Geschichte im Kloster:
Das Vaterländische Museum

Als das Vaterländische Museum, heute das Braunschweigische Landesmuseum, 1891 gegründet wurde, bezog es zunächst die ehemaligen Räume des Herzoglichen Museums (heute Herzog Anton Ulrich-Museum), das damals im Hagenscharrn am Hagenmarkt beheimatet war. Doch diese wurden bald zu klein, so dass man nach neuen Räumlichkeiten Ausschau hielt. Schließlich fand man sie im ehemaligen Aegidienkloster, bereits 1902 konnte die erste Ausstellung in der Aegidienhalle eröffnet werden. Ein Besucher lobte bei der Eröffnung:

„Der hohe Chor machte mit den malerisch aufgestellten Waffen, Fahnen, Bildern und Büsten einen großartigen Eindruck, und der Chorumgang gewährte in seinen einzelnen Kapellenräumen gutbeleuchtete Abschnitte, in denen die einzelne Teile der Sammlung sich trefflich gruppieren ließen."

Zugleich begann man dann damit, den Chor des ehemaligen Paulinerklosters vom Bohlweg an das Kloster anzubauen. Die Dominikaner waren mit der Reformation aus Braunschweig vertrieben und die Gebäude des Klosters anderweitig genutzt worden. Das in der Barockzeit umgebaute Paulinerkloster gehörte im 18. Jahrhundert zu den auffälligsten Bauten des Braunschweiger Residenzviertels. Es war ab 1695 zum Zeughaus umgebaut worden. Unter den Herzögen August Wilhelm (1714-31) und Ludwig Rudolf (1731-35) erhielt das mittelalterliche Gebäude eine barocke Ummantelung, der Chor der Kirche eine Prunkfassade mit Dreiecksgiebel. Nun musste es einem Neubau weichen. Um es trotzdem zumindest in Teilen zu erhalten, fand der Chor einen neuen Platz neben dem ehemaligen Aegidienkloster.

Im Jahre 1906 bezog das Vaterländische Museum seine neuen Räumlichkeiten. Professor Karl Steinacker, der erste hauptamtliche Leiter des Museum, sprach, die Gebäude selbst seien *„der eindruckvollste Sammlungsgegenstand des Museums“.*

In den Klosterräumen und der Aegidienkirche fanden nun Dauer- und Sonderausstellungen zu unterschiedlichen Themen der Braunschweigischen Landesgeschichte statt.
Die Presse schrieb über die neue Ausstellung in den Räumen:

„Es tritt klar zu Tage, dass für die Altäre, Taufsteine, Kruzifixe u. a., die hier vereint sind, kein geeigneterer Ort hätte gefunden werden können, als ihn diese schönen altkirchlichen Stätten hier bieten.“ (Braunschweigisches Magazin 1906)

Doch der Platzbedarf des Museums war groß, auch an Verwaltungsräumen, Werkstätten und Magazinflächen. So war Steinacker froh, dass es ihm kurz vor seiner Pensionierung 1935 noch gelungen war, zunächst den Saalbau des Evangelischen Vereinshauses, später auch das Haus Lessingplatz 5 beziehen zu können. Der Evangelische Verein hatte das Haus 1894 erworben, um dort Räumlichkeiten für seine Veranstaltungen zu haben. Doch als es dem Verein nicht gelang, kostendeckend zu wirtschaften, verkaufte er seine Liegenschaften. Zunächst richtete der Gastwirt Max Schwedler dort den Gasthof „Handelshof" ein, bevor er die Gebäude an die vom Staat getragene „Braunschweig-Stiftung" verkaufte, die sie dem Museum zur Nutzung überließ.

Nach der Pensionierung von Karl Steinacker wurde das Museum verstaatlicht. Ministerpräsident Dietrich Klagges setzte den überzeugten Nationalsozialisten und treuen Parteigenossen Dr. Johannes Dürkop als Direktor ein. So konnten die Nationalsozialisten ungehindert Einfluss auf die Ausrichtung und Ziele des Museums ausüben. In der umgestalteten Ausstellung in der Aegidienhalle, die 1937 wieder eröffnet wurde, präsentierte es eine im nationalsozialistischen Sinne gedeutete, durch rassistische Auffassung geprägte Geschichte. Dürkop schrieb 1938 im Völkischen Beobachter:

„In breiter Front soll hier eine neue Sinngebung und Zielsetzung der Museumsarbeit geschaffen werden, die das Museum als nationalpolitische Erziehungsanstalt betrachtet wissen will."

(Völkischer Beobachter 1938)

Auch in der Zeit des Nationalsozialismus blieb die Inneneinrichtung der Hornburger Synagoge für Besucher zugänglich. Museumsdirektor Karl Steinacker hatte sie ins Museum geholt und in der Aegidienhalle aufgestellt. Doch als jüdisches Kulturgut, als Teil der jüdischen Religion wurde sie von den Nationalsozialisten ideologisch umgedeutet. Die Synagoge und die Sammlung jüdischer Kultgegenstände wurden zum Lehrmittel über die Fremden, die „Feinde" der Deutschen. Geschichtliches und kulturelles Interesse wandelte sich in Abscheu und Distanz.

Das Vaterländische Museum präsentierte große Teile der Sammlung in der Aegidienhalle. Chorumgang, Altarbereich und die Säulen wurden als Ausstellungsfläche genutzt (Foto 1926).

Gültig für vier Personen.

Ausstellung

Vaterländischer Erinnerungen

an die Zeit von 1806 bis 1815

zu Braunschweig.

Preis 2 Mark.

Familien-Karte, gültig für die Dauer der Ausstellung.

Name: ....

Ausstellung

Vaterländischer Erinnerungen

an die Zeit von 1806 bis 1815

zu Braunschweig.

Preis 1 Mark.

Persönliche Karte für die Dauer der Ausstellung.

für ....

Papier
Höhe jeweils 8,2 cm, Breite 12,3 cm
1890
Braunschweig
Braunschweigisches Landesmuseum, ohne Nummer

Eintrittskarten ins Vaterländische Museum

1890 fand in der Aegidienhalle die „Ausstellung vaterländischer Erinnerungen 1806 bis 1815" statt. Mit einem großen Aufruf an die Braunschweiger waren Erinnerungsstücke an die Schlachten von Quatrebras und Waterloo und den legendären „Schwarzen Herzog" Herzog Friedrich Wilhelm, der 1815 in den Befreiungskriegen gegen Napoleon starb, zusammengetragen worden. Diese Ausstellung war so erfolgreich, dass daraus bereits 1891 das Vaterländische Museum, heute das Braunschweigische Landesmuseum, entstand.
Es sollte alles sammeln, was in einem Bezug zur Geschichte des Herzogtums Braunschweig stand.

„So werden denn Bilder allerlei Art, Ansichten und Pläne, plastische Darstellungen Büsten, Reliefs und Medaillen, Waffen, Uniformen und sonstige militärische Ausrüstungsstücke, die insbesondere für unser Land eigenartigen Trachten, Haushaltungsgeräte und sonstige Gebrauchsgegenstände, Architekturstücke und Kunstaltertümer, zumal wenn sie für die hiesige Kulturentwicklung, die Bau- und Lebensweise unserer Vorfahren charakteristisch sind, und vieles Andere der Art in bunter Fülle in der neuen Anstalt Aufnahme finden."

(Braunschweigischer Anzeiger 1891)

Das neue Museum zog zunächst in die ehemaligen Räume des Herzoglichen Museums im

Hagenscharrn. Doch bereits 1902 erfolgte der Umzug in die Aegidienhalle und die Räume des ehemaligen Aegidienklosters. Der Chor des ehemaligen Paulinerklosters vom Bohlweg vervollständigte das Ensemble. Am 25. April 1906 eröffnete Prinz Albrecht, Regent des Herzogtums Braunschweig, die neue Ausstellung im Kloster, der Aegidienhalle und dem Paulinerchor.

Ausstellung

dischen Erinn

ie Zeit von 1806 bis 1815

zu Braunschweig.

Preis 1 Mark.

Karte für die Dauer der Ausste

Aquarellierte Zeichnung auf Papier
Höhe 49 cm, Breite 36,3 cm
1915
Ludwig Winter
Braunschweig
Braunschweigisches Landesmuseum, LMB 30251

Blick in die Aegidienhalle

Bis zum Zweiten Weltkrieg nutzte das Vaterländische Museum neben den ehemaligen Klosterräumen auch die Aegidienhalle für seine Ausstellungen. Am 25. April 1906 weihte der Regent Prinz Albrecht von Preußen mit einem Festakt die neuen Räume des Museums ein.

Der Braunschweiger Architekt Ludwig Winter zeichnete einige Jahre später einen Blick in den Chor und das südliche Querhaus. Anstelle des Altars thront dort eine Kopie des Braunschweiger Löwen auf einem Sockel.
Ludwig Winter war bis 1915 Stadtbaurat in Braunschweig, die Rekonstruktion der Burg Dankwarderode und der Bau des Rathauses gelten als seine wichtigsten Leistungen. Seine Bauwerke entwarf Ludwig Winter überwiegend im Stil der Neugotik und Neorenaissance.

Schon damals besaß das Vaterländische Museum eine Kopie des Braunschweiger Löwen. Seine Positionierung in der Vierung der Aegidienkirche weist ihm eine ähnliche Bedeutung zu wie dem Original, das auf dem Burgplatz stand. Winter aber zeichnete auch die Architektur der gotischen Hallenkirche, in die sich der Löwe harmonisch einfügt.

Auch nach dem Zweiten Weltkrieg präsentierte das Landesmuseum seine Objekte in den ehemaligen Klosterräumen, wie hier einen Taufengel im Parlatorium. Als das Museum 1985 in das Vieweghaus am Burgplatz umzog, fanden in den Räumen verschiedene Sonderausstellungen statt (Foto 1987).

Das Ausstellungszentrum Hinter Aegidien des Braunschweigischen Landesmuseums

Die romanischen Klosterräume überstanden die Bombenangriffe des 2. Weltkrieges nahezu unbeschadet. Doch die Aegidienkirche wurde in der Nacht vom 14. auf den 15. Oktober 1944 und noch im März 1945 schwer getroffen.
Nach dem Krieg wurde die Kirche vorrangig wieder hergestellt, so dass schon Pfingsten 1947 das Richtfest gefeiert werden konnte. Sie war nun Propsteipfarrkirche der 1944 ausgebombten Katholischen Gemeinde St. Nicolai am Sandweg. Die in Museen zwischengelagerten kirchlichen Kunstwerke kehrten zurück und der Diözesanbischof Dr. Joseph Machens feierte am 12. Dezember 1948 das erste katholische Hochamt in St. Aegidien seit 1528.

1953/54 wurde nach längerer Bauzeit auch das Westportal mit der Freitreppe fertig gestellt. Doch die Verantwortlichen sorgten sich um die statische Sicherheit der Kirche. Zuganker mussten eingezogen werden, um den Horizontalschub der Gewölbe aufzufangen. Eine grundlegende Erneuerung war demnach unumgänglich.
Mit der Altarweihe am 8. Dezember 1979 endeten die Bauarbeiten: die Außenfassade war restauriert, der Innenputz erneuert und das Maßwerk der Fenster wieder hergestellt worden. Die Bemalung der Schlusssteine und der Säulenkapitelle und ein neuer Altar bildeten

den Schlusspunkt der umfangreichen Arbeiten. Nun übernahm die Nicolai-Gemeinde auch den Namen St. Aegidien für ihre Gemeinde.

Die Kirche stand dem Museum somit nicht mehr zur Verfügung, die übrigen Räume konnten den wachsenden Platzbedarf für Ausstellungen, Büroräume, Werkstätten und Magazinflächen des Museums nicht decken. Direktor Dr. Rolf Hagen bemühte sich so um einen Umzug in das Vieweghaus am Burgplatz. Erfolgreich, so dass das Museum nach umfangreichen Umbauarbeiten 1985 in das klassizistische Gebäude am Burgplatz umziehen konnte. Doch der Gebäudekomplex an der Aegidienkirche blieb als Ausstellungszentrum Hinter Aegidien Teil des Braunschweigischen Landesmuseums. Hier konnte die bedeutende Judaica-Sammlung mit der Inneneinrichtung der Hornburger Synagoge dauerhaft den Besuchern zugänglich gemacht werden.

Saladin: [...] Ich dächte,
Dass die Religionen, die ich dir,
Genannt, doch wohl zu unter-
scheiden wären. Bis auf die Klei-
dung, bis auf Speis und Trank!
Nathan: Und nur von Seiten
ihrer Gründe nicht. –
Denn gründen alle sich nicht
auf Geschichte?
Geschrieben oder überliefert! –
Und Geschichte muss doch wohl
allein auf Treu Und Glauben
angenommen werden? [...]

Gotthold Ephraim Lessing: Nathan der Weise,
3. Aufzug, 7. Auftritt

Aufgrund von alten Plänen und den Ergebnissen archäologischer Grabungen lässt sich das Aussehen des ersten Kirchenbaus rekonstruieren. Haupt- und Seitenschiffe schließen jeweils mit einer halbrunden Apsis ab.

Heft gebuwet ein Kloster
Die Baugeschichte des Aegidienklosters

Erster Kloster- und Kirchenbau

Die ersten Gebäude des neu gegründeten Aegidienklosters waren vermutlich provisorische Fachwerkgebäude. Doch relativ schnell konnten die Mönche in die steinernen Räume und die neue Kirche umziehen.

Die reformorientierte Ausrichtung der ersten Mönche des Aegidienklosters hatte wohl auch Auswirkungen auf das Aussehen der ersten Kirche. Sie wurde vermutlich als Basilika nach Hirsauer Vorbild angelegt, in deren Architektur sich die asketischen Vorstellungen vom monastischen Leben und der Gestaltung der Gottesdienste widerspiegelten.

Zu jeder Klosteranlage gehören eine Kirche, der Klausurbereich und der Wirtschaftshof. Die Klausur grenzt in der Regel südlich an die Kirche und war den Mönchen vorbehalten. Im Zentrum steht die Kirche. Achtmal täglich versammeln sich die Mönche dort zum gemeinsamen Chorgebet.

Die romanische Klosterkirche wurde nach dem Brand von 1278 wohl vollständig beseitigt

und durch den vor uns stehenden, gotischen Sakralbau ersetzt. Für das Erscheinungsbild der ersten Abteikirche kann durch verschiedene Anhaltspunkte ein Rekonstruktionsversuch erfolgen. Dazu können zudem Vergleichsbauten herangezogen werden.
In den Jahren 1936/37, 1947 und 1979 konnten im Zuge von Baumaßnahmen jeweils auch Grabungen unternommen werden. Diese ergaben anhand von Baubefunden (Fundamente), dass die romanische Kirche bereits die Ausmaße des heutigen Langhauses bis zum Ansatz des Chorraumes hatte. Es handelte sich demnach um eine dreischiffige Kirche, die den Gepflogenheiten romanischer Baukunst entsprechend als Basilika zu denken ist. Im Bereich der heutigen Querhäuser konnten, als östliche Abschlüsse der Seitenschiffe, halbrunde Apsiden (Altarnischen) aufgedeckt werden. Der Abschluss des Mittelschiffs bzw. Hauptchores ist nicht nachgewiesen, aber mit ziemlicher Sicherheit ebenfalls mit einer halbrunden Apsis zu rekonstruieren (vgl. Stiftskirche St. Blasius).
Die Ausgrabungen ergaben weiterhin, dass der Vorgängerbau von St. Aegidien kein Querhaus besaß. Dafür wurden Fundamente freigelegt, die auf Chorschranken und Stufen hindeuten. Die Stufen führten vom Niveau des Langhauses zu den leicht erhöht liegenden Chorräumen.
Das Fehlen eines Querhauses lässt einen äußerlich bruchlos, sich von Westen bis zum Chor erstreckenden Basilikabau rekonstruieren. Im Osten existierte ein vermutlich leicht gestaf-

felter Abschluss mit drei Apsiden. Der erhöhte Chorbereich war durch Schrankenmauern in einen Hauptchor und seitliche, den Seitenschiffen zugeordnete Nebenchöre geteilt.

Ein Blick in den romanischen Vorgängerbau der heutigen Aegidienkirche. Der Rekonstruktionsversuch beruht auf Ergebnissen archäologischer Grabungen und Vergleichen mit anderen Klosterkirchen aus derselben Zeit.

Zum Langhaus-Mittelschiff zeigte der Hauptchor sicherlich einen Lettner. Einen ähnlichen Aufbau ohne Querhaus und mit seitlichen Chor- und Schrankenmauern weist die Klosterkirche Bursfelde auf. Schließlich war der Bursfelder Abt Heinrich mit der Einrichtung des Braunschweiger Klosters beauftragt worden. Für die Arkaden zwischen dem Langhaus-Mittelschiff und den Seitenschiffen sind in einer Rekonstruktion mehrere Varianten denkbar: Eine reine Pfeilerbasilika, eine Säulenbasilika oder eine Gestaltung mit Stützenwechsel. Hier besteht wieder die Möglichkeit eines einfachen (Pfeiler-Säule-Pfeiler) oder eines sogenannten Niedersächsischen Stützenwechsels (Pfeiler-Säule-Säule-Pfeiler). Die Raumproportionen und die Pfeilerstellung der heutigen Kirche lassen einen einfachen Stützenwechsel plausible erscheinen. Einen solchen Stützenwechsel zeigt auch die Klosterkirche Ilsenburg, von wo der erste Abt und der erste Konvent an St. Aegidien stammen. Für den auch am gotischen Kirchenbau unvollendcten Westbau ist eine Aussage schwierig. Sicherlich war auch für die romanische Abteikirche ein zweitürmiger Westbau geplant oder auch gebaut worden. Möglicherweise sind von dem ursprünglichen Westbau noch Fragmente erhalten, worauf Baufugen an den ruinös erscheinenden, westlichen Gebäudeteilen hinweisen.

Ein großer Stadtbrand zerstörte, von der Altewiek kommend, am 12. Mai 1278 den größten Teil der Kirche. Auch das Kloster wurde bis auf den östlichen Teil des Kreuzganges und die angrenzenden Räume ein Opfer der Flammen.
Von den Klostergebäuden sind heute noch das Erdgeschoss des Ostflügels mit Kreuzgang, Sakristei, Kapitelsaal, Parlatorium und Refektorium erhalten, darüber das Mauerwerk des Dormitoriums. Die anderen Gebäude und Gebäudeteile wurden Ende des 19. Jahrhunderts abgerissen.

Die bauliche Anlage der Klöster folgte einem ausgeklügelten Plan. Zu jeder Klosteranlage gehörten eine Kirche, der Klausurbereich und der Wirtschaftshof. Die Klausur grenzte in der Regel südlich an die Kirche und war den Mönchen vorbehalten. Außerhalb des inneren Kerns erstrecken sich Obst-, Gemüse- und Kräutergärten, Werkstätten, Vorratsräume und Ställe. Das Novizenhaus, die Unterkunft für Bedienstete und Gäste der Abtei standen im Randbereich. Nach außen war das Kloster abgeschirmt durch eine massive Mauer.

Anhand des erhaltenen Bestands und historischer Grundrisszeichnungen ist ein Rekonstruktionsversuch von Klausurgebäuden und Kreuzgang möglich. Die Klausurbauten umschlossen den Kreuzgang im Süden u-förmig und waren zweigeschossig. Sie wurden von meist kleinformatigen Rundbogenfenstern belichtet. Der Kreuzgang zeigte große Rundbogenarkaden, wie der noch vorhandene Ostflügel beweist. Die Arkaden waren vermutlich mit teilenden Säulen-Bogenstellungen versehen. Vor dem Westabschnitt des Kreuzgangs existierte ein Vorbau, wie dies in vielen Kreuzgängen zu beobachten ist. Es handelte sich um die sogenannte Tonsur, wo den Mönchen bei der Eingliederung in den Konvent die Haare geschnitten wurden.

Der Brunnen inmitten des Kreuzganges ist an ähnlicher Stelle heute noch vorhanden.

Der Klosterbereich erstreckte sich nördlich der Aegidienkirche bis auf den Aegidienmarkt. Nach Osten verlief die Mauer zunächst im Bereich der heutigen Auguststraße, knickte dann aber nach Süden Richtung Spohrplatz ab bis zur Mönchstraße. Südlich der Mönchstraße bewirtschaftete das Kloster einen Gartenbereich, der sich im Westen bis an die Oker erstreckte. Sie verlief im Bereich der heutigen Leopoldstraße und bildete

die westliche Grenze des Klosterbereichs.
Nach außen war das Kloster abgeschirmt durch ein massives Mauerwerk, es bot in erster Linie Ruhe und Abgeschiedenheit, gleichzeitig aber auch Schutz vor Angreifern. Das Gebiet der Stadt Braunschweig mit seinen fünf Weichbilden

Altstadt, Altewiek, Sack, Neustadt und Hagen wurde erst nach 1200, unter Kaiser Otto IV. mit einer alle Stadtteile umfassenden Mauer umgeben. So umgaben auch die Aegidienmönche ihr Kloster mit einer schützenden Mauer.

Ein Kreuzgang umgab den rechteckigen Innenhof des Klosters. Ein Brunnen in der Mitte versorgte das Kloster mit Wasser.

Die Säulen und Kapitelle im Aegidienkloster verzierten die Steinmetze mit geometrischen Mustern und Blattranken.

Mit irdischer Schwere dem Himmel entgegen: Die Romanik

Mit dem Begriff der Romanik wird der Baustil zwischen der Mitte des 11. Jahrhunderts und dem beginnenden 13. Jahrhundert bezeichnet. Erstmals verbreitete sich ein Epochenstil in ganz Europa, sie wurde schließlich von der von Frankreich her kommenden Gotik abgelöst.
Aus dem vielfältigen Nebeneinander von spätantiken und frühchristlichen Traditionen entwickelte sich mit byzantinischen und keltisch-germanischen Einflüssen eine einheitliche Stilrichtung. Sie wurde dominiert von geometrischen Grundformen, festen Mauern und einer strengen Rhythmisierung der Bauelemente.

Die romanischen Baumeister hatten eine Vorliebe für Bögen. Neben den charakteristischen Rundbögen, nach ihrer Herkunft als lombardisch bezeichnet, verwendeten sie auch Spitz- und Hufeisenbögen. Bögen finden sich überall: in Gewölben, in Mittelschiffarkaden, in Portalen und Fenstern. So wirkten die Mauern schwer und wuchtig und die Bauwerke gedrungen im Gegensatz zu der himmelwärts strebenden Architektur der Gotik.

Die Epoche der Romanik war, wie das ganze Früh- und Hochmittelalter, geprägt durch eine enge Verflechtung von Kirche und Staat, von Politik und Religion.

Die Region nördlich des Harzes war nach Aachen und Frankfurt die wichtigste Landschaft für das deutsche Königtum. Hier lagen große Pfalzen und Klöster als geistige Zentren, darunter die bedeutenden Damenstifte Gandersheim und Quedlinburg. Doch ab dem Spätmittelalter kam es zu einer Verlagerung der Herrschaft in den süddeutschen Raum.
Kirchen und Klöster, Burgen und Pfalzen beherrschen als mächtige Steinbauten ihre Umgebung. Die romanische Sakralarchitektur hatte neben dem Lob Gottes eine andere zusätzliche Aufgabe: sie sollte den Untertanen die Macht der Kirche sowie der weltlichen Herren wie Kaiser, König und Feudalherren vor Augen führen.

Das Problem der Kirchenbauten war die Überdeckung der immer größer werdenden Innenräume. Anfangs waren nur mit Balkendecken versehene Großräume möglich, so auch in der romanischen Aegidienkirche. Im Verlauf der Entwicklung der romanischen Baukunst setzte sich das Kreuzgratgewölbe durch. Mit der Durchdringung zweier Tonnengewölbe ließen sich auch Räume mit mehr als zehn Metern Breite überspannen, die als Grenze für eine Rundtonne galten.

Der Innenraum und auch das Äußere der Kirchenräume waren oft farbig gestaltet, die Farbgebungen sind allerdings nur in wenigen Beispielen erhalten. Die Wandflächen waren mit Friesen mit figürlichen und pflanzlichen Motiven geschmückt und mit farbigen Inkrustationen verziert. Solche Wandmalereien sind in den Ostteilen des Braunschweiger Doms noch heute zu bewundern.

Wie viele mittelalterliche Kirchenbauten finanzierte sich auch der Bau der Aegidienkirche und des Klosters durch Ablässe. Der Papst und die Bischöfe konnten aus bestimmten Anlässen einen Ablass genehmigen. Dieser wurde dann an die Gläubigen verkauft, das eingenommene Geld wurde für den Bau verwendet. Die Käufer der Ablässe waren dafür von ihren Sünden und Vergehen freigesprochen. Trotzdem dauerten Kirchenbauten Jahrzehnte, manchmal Jahrhunderte.

In Deutschland wird die Romanik Ende des 12. Jahrhunderts von der Gotik abgelöst. In die Architektur, aber auch in die Gesellschaft zog mehr Rationalität, Professionalität und Technizität ein. Der Massenbau der Romanik wurde nach und nach durch den gotischen Gliederbau mit seinen kühnen Konstruktionen ersetzt. So wurden neue Dimensionen von Bauten möglich, Kirchenräume von einer bisher unbekannten Höhe und Transluzenz entstanden. Der Spitzbogen, eine auch wegen seiner bautechnischen Vorteile entwickelte Bauform, wurde zum allgemeinen Wiedererkennungsmerkmal der Gotik. Er symbolisiert das zum Himmel gerichtete Streben der gotischen Architektur.

Glas, bemaltunterschiedliche Größen
Erste Hälfte des 13. Jahrhunderts
Brunshausen/Bad Gandersheim
Braunschweigisches Landesmuseum,
ohne Nummer

Glasfragmente und Scherben

Der Grabungsfund aus dem ehemaligen Benediktinerkloster St. Bonifatius in Brunshausen umfasst über 3000 unterschiedlich erhaltene und durch die lange Bodenlagerung stark angegriffene Glasscherben von wenigen Millimetern bis zu 8 cm Größe. Da der gesamte Scherbenfund ausschließlich im Bereich der gegen 1300 eingestürzten romanischen Hauptapsis aufgefunden wurde, liegt die Vermutung nahe, dass es sich hierbei um die einstige Verglasung der Chorfenster des sogenannten Baus IV handelt.

Unter den figürlichen Fragmenten sind hervorzuheben: ein zusammengesetzter Körper Christi mit dem Rest eines Lendentuches, der im Zusammenhang mit dem Rest einer stigmatisierten Hand aus einer Kreuzigungsszene stammen dürfte. Ein Fußfragment im Panzerstrumpf von einer anscheinend liegenden Figur könnte zusammen mit vielen anderen Kettenpanzerfragmenten und dem mutmaßlichen Teil eines Sarkophags der Rest einer Auferstehung Christi sein. Ferner dürfte eine Gruppe von drei dicht aneinander gedrängten Gesichtern auf die Jünger bei der Himmelfahrt Christi hindeuten, sowie ein Kopfstück mit Glatze und Stirnlocke auf den Apostelfürsten Paulus. Eine große Anzahl an abgerundeten Randleisten weist zusammen mit der kleinen Dimensionierung der Figuren auf die traditionelle Form eines Medaillonfensters hin, ein zusammenhängendes Bildprogramm lässt sich jedoch nicht mehr rekonstruieren.

Sowohl die zeichentechnischen Merkmale als auch das Formenvokabular der Fragmente lassen eine hohe künstlerische Qualität erkennen und erinnern an eine kurz nach 1200 anscheinend in Magdeburg ausgefertigte Prachthandschrift des Domes zu Brandenburg. Darüber hinaus existieren Bezüge sowohl mit einer Einzelscheibe mit der Geburt Christi im Goslarer Museum als auch mit zwei Rundscheiben aus Paretz, die ebenfalls in einen Zusammenhang mit dem Brandenburger Evangelistar gestellt wurden. Daher liegt es nahe, den Brunshausener Scherbenbestand Anfang des 13. Jahrhunderts, vielleicht sogar bereits um 1200 zu datieren und versuchsweise einer Magdeburger Werkstatt zuzuweisen.

Der heutige Kirchenbau entspricht der gotischen Kirche, die nach dem Stadtbrand 1278 als Hallenkirche wiedererrichtet wurde. Über die farbige Gestaltung des Kirchenraumes gibt es keine Quellen.

Der gotische Kirchenbau: Spitzbögen zum Himmel

Bereits 1278 zerstörte ein großer Stadtbrand die erst neu errichtete Aegidienkirche. Doch die Mönche begannen nach der Zerstörung schnell mit dem Wiederaufbau. Mehr als 20 Ablässe, auch von italienischen Bischöfen und Reliquienschenkungen, unter anderem des Heiligen Blutes aus dem Tochterkloster Cismar 1283, trugen zum raschen Aufbau bei.

Der Bau begann wohl 1282 mit den Arbeiten an den Ostteilen einer neuen, gotischen Benediktinerkirche. Die Bauarbeiten gingen vorerst zügig voran. Wie die Stiftung für sechs Altäre von 1308 bezeugt, muss damals der Chor und bald auch das Querschiff beendet gewesen sein.
Während der Chor nach dem Schema einer Basilika errichtet wurde, kam es beim Bau des Langhauses zu einem Planwechsel. Dort entstand nun eine außerordentlich weiträumige Hallenkirche.

Nach Vollendung der Gewölbe im Querhaus, der beiden östlichen Langhausjoche sowie der Grundmauern für den Westteil der Kirche erfolgte um 1352 eine lange Bauunterbrechung. Die Gesamtanlage war jedoch festgelegt. Eine Baunachricht von 1409 deutet auch die Fortsetzung des Kirchenbaus. Die beiden westlichen Hallenjoche wurden gegen 1440 weitergeführt.

Eine Datierung am Nordwestpfeiler zeigt die Jahreszahl 1437. Mit der Schlussweihe von 1478 war der Kirchenraum vollendet, der Gesamtbau jedoch nicht fertig gestellt. Wie die meisten romanischen Kirchen sollte auch St. Aegidien einen breiten Westbau mit hohen Türmen erhalten. Er war zwar begonnen worden, kam jedoch mit seinem Nordturm kaum über das Kirchenschiff hinaus. Der fragmentarische Westbau wurde schließlich 1817 bis auf die heute sichtbaren Mauer- und Bogenansätze abgebrochen. Seine Kernsubstanz stammte möglicherweise noch von einem romanischen Vorgängerbau.

Der noch im 13. Jahrhundert vollendete Chor ist als Basilika mit hohem Mittelschiff und schmalen, niedrigen Seitenschiffen aufgebaut. Der Hochchor zeigt einen Abschluss mit fünf Seiten eines Achtecks. Die Seitenschiffe sind in der gleichen Geometrie um dieses Chorpolygon herumgeführt. Es ist der einzige so genannte Umgangschor in Braunschweig. Solche Choranlagen sind ein entscheidendes Merkmal der gotischen Kirchenbaukunst. Die Strebepfeiler am Chor sind in das Innere gezogen, sie sind daher in der Außenansicht nicht erkennbar. Zwischen den inneren Strebepfeilern befinden sich längsrechteckige Kapellen, die den Umgang flankieren. Über dem Chorumgang sind Strebebögen angeordnet. Sie übernehmen den Gewölbeschub aus dem Hochchor. Währen die Chorseitenschiffe noch mit Kreuzgratgewölben überdeckt sind, zeigt der Hochchor ein Kreuzrippengewölbe.

Die Spitzbogenarkaden zwischen Hauptchor und Seitenschiffen ruhen über Rundpfeilern mit Diensten (Bündelpfeilern). Die Chorwände zeigen den klassischen, aus der französischen Kathedralarchitektur stammenden Aufbau mit Arkade, Triforium und Obergadenfenster. Das Triforium ist als schmaler Umgang ausgebildet, dahinter liegen die Dachbereiche über den Seitenschiffen.

Das Querhaus springt über die Außenwände von Chor und Langhaus vor. Seine Nordfassade ist als Schaufront zur Stadt hervorgehoben. Über dem Querhausportal mit seinem Giebel (Wimperg) befindet sich ein balkonähnlicher Austritt. Hier wurden den Gläubigen die Heiligtümer der Kirche, die Reliquien, präsentiert. An das Südquerhaus schließt unmittelbar der noch aus dem 12. Jahrhundert stammende Ostflügel der Klausur an.

Das Langhaus ist ein Hallenraum mit drei gleich hohen Kirchenschiffen. Auch hier werden die Kreuzrippengewölbe von Bündelpfeilern getragen. Die Halle wirkt wesentlich weiträumiger als die Hallenräume der umgebauten Braunschweiger Pfarrkirchen St. Martini, Katharinen und Andreas, da hier keine ältere Bausubstanz einbezogen werden musste. Die hoch aufragenden Seitenwände werden von Strebepfeilern gegliedert und zeigen Maßwerkfenster. Über den Traufen befinden sich, für die Braunschweiger Kirchen typisch, Zwerch- bzw. Jochgiebel.

Sie sind an der stadtseitigen Nordfassade mit Maßwerk verziert. An der Nordseite ist der Außenwand ein gotischer Kreuzgangflügel vorgelagert, ein Schlussstein seiner Wölbung zeigt die Jahreszahl 1418.

Über der Halle erhebt sich ein gewaltiges Dach. Es ist aus dem Spätmittelalter erhalten geblieben und stellt gleichsam eine hölzerne Kathedrale über der steinernen Kirche dar. Es handelt sich um eine der größten und bedeutendsten Konstruktionen dieser Art in Norddeutschland.

Der Wiederaufbau der zerstörten Kirche ging vorerst zügig voran, die Mönche benötigten weniger als 200 Jahre, um die größte Hallenkirche Braunschweigs fertig zu stellen. So konnten die Auctorreliquien 1457 in den neuen, von der Stadt gestifteten Silberschrein in der fertigen Kirche umgebettet werden.

Die Ausschmückung der Kirche ist für eine Benediktinerklosterkirche sehr ungewöhnlich. Sie unterstreicht die herausgehobene Stellung und die Bedeutung des Aegidienklosters und seiner Kirche.

Besonders sprechend sind die Figuren an den Kapitellen des Chorumganges. Hier formten die Steinmetze Monster, Fabelwesen und Fantasietiere, die miteinander kämpfen, sich umschlingen oder sich gegenseitig angreifen.

Bringen die Tierwesen heute den Betrachter wegen ihrer Lebendigkeit und ihres Phantasiereichtums zum Schmunzeln, hatten sie für die Menschen des Mittelalters durchaus einen ernsten Hintergrund. Sie sollten die Kirche, besonders die Apsis als zentralen Ort in der Kirche, vor Angriffen des Teufels und anderer teuflischer Wesen schützen.

Ergänzt werden die Tierwesen durch Laubwerk, vor allem Weinlaub mit Weintrauben, Akanthus, Eiche und Ahorn.

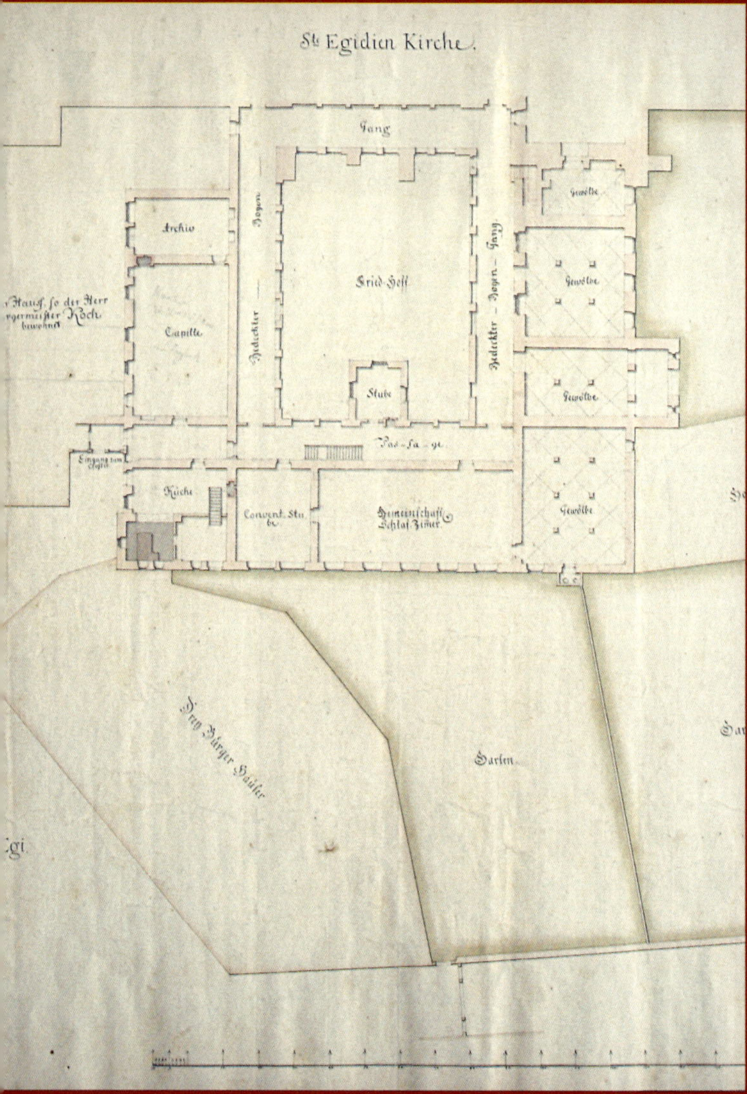

Zeichnung auf Papier
Höhe 45,3 cm, Breite 65,8 cm
Drittes Viertel des 18. Jahrhunderts
Braunschweig
Braunschweigisches Landesmuseum, ohne Nummer

Grundriss des Aegidienklosters

Die Zeichnung aus dem ehemaligen Denkmäler-Archiv der Herzoglichen Baudirektion zeigt das Erdgeschoss (bezeichnet als „Erste Etage") des ehemaligen Aegidienklosters, das zu der Zeit von einem Frauenkonvent bewohnt wurde. In die bauliche Gestalt war seit dem 15. Jahrhundert kaum eingegriffen worden und hatte bis zum teilweisen Abriss im 19. Jahrhundert Bestand. Der östliche Kreuzgangflügel und die daran angrenzenden Klosterräume stammen noch dem 12. Jahrhundert, der Zeit des ersten Kloster- und Kirchenbaus.

Zu sehen ist der Klosterhof, der von allen vier Seiten vom Kreuzgang begrenzt wird. An drei Seiten grenzen die Klosterräume daran an, der nördliche Flügel lehnt an der Kirche. Der Frauenkonvent hatte seine Kammern im Obergeschoss des Gebäudes. Dazu war das saalartige Dormitorium der Mönche in kleinere Kammern unterteilt worden.

Zu erkennen ist ebenfalls der Klostergarten und andere Wirtschaftsflächen. An die südwestliche Ecke des Geländes grenzen „Drey Bürger-Häuser". Zwei Gebäude des Klosters im Westen und im Osten sind ebenfalls vermietet und anderweitig bewohnt.

Öl auf Leinwand
Höhe 30,5 cm, Breite 37 cm mit Rahmen
Zweites Viertel des 19. Jahrhunderts
Braunschweig
Braunschweigisches Landesmuseum, ZG 2481

Die Aegidienkirche mit angrenzenden Gebäuden

Hinter den Fachwerkgebäuden am heutigen Lessingplatz steigt das mächtige Mauerwerk der Aegidienkirche auf. Der Braunschweigische Kanzler Philipp Ludwig Probst von Wendhausen hatte die Gebäude erworben und ließ sie im Stile seiner Zeit umgestalten. Nach einem Studium und der abschließenden Promotion in Helmstedt war er 1660 zum Landsyndicus berufen worden und trat als Rat in den persönlichen Dienst des Herzogs Anton Ulrich. 1680 wurde er zum Kanzler des Herzogtums Braunschweig-Wolfenbüttel bestellt. Für seine Verdienste wurde er mit den Gut Wendhausen belohnt und von Kaiser Leopold unter dem Namen „Probst von Wendhausen“ in den Adelsstand erhoben. Seine letzte Ruhestätte fand er in der Krypta des Braunschweiger Doms.

Bis dahin gehörten fast alle Häuser der Aegidienfreiheit dem Kloster, das diese dann vermietete. Doch nun wurden die Häuser an den Meistbietenden verkauft. Dies löste eine Strukturveränderung in der Aegidienfreiheit aus, neben Angehörigen der Garnison zogen auch besser gestellte Bürger in die Klosterfreiheit. In diesem Sonderbezirk genossen sie einige Freiheiten von öffentlichen Lasten.

Im ehemaligen Kirchenraum fanden große Veranstaltungen wie das Elbmusikfest und Gewerbeausstellungen statt. In den Klostergebäuden brachte die Regierung ein Gefängnis unter.

Im Vordergrund des Gemäldes flanieren einige Personen über den heutigen Lessingplatz, gekleidet nach der Mode der Biedermeierzeit.

Eisen, Messing, ehemals teilweise vergoldet
Höhe 44 cm, Breite 165 cm
1791
Braunschweig
Braunschweigisches Landesmuseum, VM 7931

Wetterfahne

Der verheerende Stadtbrand im Jahre 1278 zerstörte auch große Teile der Aegidienkirche und des angrenzenden Klosters.
Bei dem Wiederaufbau der Kirche waren die Türme nicht wiedererrichtet worden. In einem Notturm mit Glockenstuhl waren die Glocken untergebracht. Dieser wurde aber 1817 abgebrochen.
Auf dem Dach thronte ein kleiner Dachreiter, die Wetterfahne mit der Jahreszahl 1791 war oben angebracht. Sie ist aus Eisen und Messing gefertigt und war teilweise vergoldet.

Doch keine 20 Jahre nach der Aufstellung der Wetterfahne wurde die Aegidienkirche säkularisiert, Jérôme Napoléon löste alle Kirchen und Klöster im Königreich Westphalen auf. So wurde der Kirchenraum als Lager für Kohle, Torf und Salz genutzt.

Die Wetterfahne, die noch immer den Dachreiter schmückte, war bei einem Bombenangriff im Zweiten Weltkrieg herabgestürzt. Eine Brandbombe traf am 5. August 1944 die Aegidienkirche. Dabei wurde der Dachstuhl schwer beschädigt. Etwas verbogen konnte die Wetterfahne aus dem Schutt geborgen werden.

Eisen
Höhe 122 cm, Breite 62 cm
18. Jahrhundert
Braunschweig
Braunschweigisches Landesmuseum, ZG 8205

Giebelkreuz

Das schmiedeeiserne Kreuz schmückte einst den Westgiebel der Aegidienkirche, es wurde dort im 18. Jahrhundert angebracht. Die Aegidienkirche war in dieser Zeit Garnisonskirche für die vielen Militärangehörigen, die in Braunschweig stationiert waren.

Vergleichbar mit anderen romanischen Kirchen sollte wohl auch St. Aegidien einen Westbau erhalten. Wie bei romanischen Abteikirchen häufig war vermutlich ein zweitürmiger Westbau geplant oder auch gebaut worden. Auch beim gotischen Nachfolgebau war er nie fertig gestellt worden, mit seinem Nordturm kam er kaum über das Kirchenschiff hinaus.
Im Gegensatz zu anderen Braunschweiger Kirchen hatte die Aegidienkirche so einen Westgiebel, der im 18. Jahrhundert durch das Kreuz geschmückt wurde.

Der fragmentarische Westbau wurde schließlich 1817 bis auf die heute sichtbaren Mauer- und Bogenansätze abgebrochen. Seine Kernsubstanz stammte möglicherweise noch von einem romanischen Vorgängerbau.

Vor allem kirchliche und religiöse Objekte wurden in den ehemaligen Klosterräumen ausgestellt. Die Durchgänge zwischen den einzelnen Räumen wurden für die Einrichtung des Museums 1906 geschaffen (Foto 1906-33).

Leben in Gemeinschaft: Der Kapitelsaal

Das Kapitel war die Versammlung aller Mönche, der Kapitelsaal eines Klosters der Raum für offizielle Anlässe im Leben einer klösterlichen Gemeinschaft. Hier fand die Aufnahme der Anwärter in das Noviziat statt, hier wurden Kapitelsitzungen zu wichtigen Fragen und Themen, die die ganze Gemeinschaft betrafen, abgehalten. Hier wurde der Abt gewählt – und schließlich wurden hier die verstorbenen Brüder vor der Beerdigung aufgebahrt.

Auch Konflikte und Regelübertretungen wurden im Kapitel behandelt. Missachtete ein Bruder eine der strengen Regeln, musste er sich auf dem Boden ausgestreckt vor allen anderen Brüdern in der Versammlung hinlegen und sich zu seinem Fehler bekennen. Der Abt verhängte je nach Schwere des Vergehens eine Strafe. Dies konnten körperliche Strafen sein wie Schläge oder auch ein Kontaktverbot zu anderen Brüdern, ein Verbot der Teilnahme an den Gebeten und gemeinsamen Malzeiten bis hin zum Ausschluss aus der Gemeinschaft.
Der Abt sollte zwar die Gemeinschaft weise und mit Weitsicht führen, gleichzeitig den Mönchen aber auch wie ein treusorgender Vater mit persönlichem Rat zur Seite stehen.

Oft wurden die zukünftigen Mönche schon im

Kindesalter an ein Kloster übergeben. Aber auch Erwachsene konnten das Gelübde ablegen. Da der Eintritt in ein Kloster oft verbunden war mit einer Opfergabe der Familie an das Kloster, waren Mönche für gewöhnlich adeliger Herkunft. Erst im Verlauf des Mittelalters öffneten sich die Orden anderen sozialen Schichten. Neben den Mönchen lebten im Kloster oft Konversen, die keine vollwertigen Mitglieder des Konventes waren, sie verrichteten häufig die schweren körperlichen Arbeiten.

Sie leben nicht nach eigenem Gutdünken, gehorchen nicht ihren eigenen Gelüsten und Begierden, sondern gehen ihren Weg nach der Entscheidung und dem Befehl eines anderen. Sie bleiben im Kloster und haben das Verlangen, dass ein Abt ihnen vorstehe.

Benediktsregel Kapitel 5, 12

Das ehemalige Parlatorium des Klosters ist zweigeteilt, ein zweischiffiger, vorderer Teil ist durch eine Stufe und zwei Säulen vom hinteren Teil abgetrennt. Auch hier präsentierte das Museum Teile seiner Sammlung (Foto 1906-1933).

In der Stille die Stimme Gottes: Das Parlatorium

Das Parlatorium (spätlat. paraulare = sprechen) war der Aufenthaltsraum der Mönche im Klausurbereich, in dem für eine bestimmte Zeit des Tages das Schweigegebot aufgehoben war und unterhaltende Gespräche geführt werden durften. Die Benutzung des Parlatoriums war zeitlich begrenzt.

Zu den übrigen Zeiten galt für die Mönche ein strenges Redeverbot, auch die Malzeiten wurden schweigend eingenommen. So sollten sie Demut gegenüber Gott lernen und ihre Worte klar und bedacht wählen. Ein Verstoß gegen das Verbot wurde schwer geahndet. Im Alltag entwickelten die Mönche ein Zeichensystem zur Verständigung untereinander.
Wenn geredet werden durfte, dann im Sitzen und mit gedämpfter Stimme, Gegenstand der Gespräche solle geistlicher und erbaulicher Natur sein.

Der Raum gliedert sich in zwei Bereiche, einen größeren, vorderen Teil und einen durch drei Pfeiler und eine Stufe abgetrennten hinteren Teil. So konnte der Raum vermutlich auch als Kapelle genutzt werden. Im hinteren Teil befand sich dann ein Bereich für den Altar. Dieser war wohl ehemals nach oben offen. Denn darüber befand sich das Dormitorium, der Schlafsaal

der Mönche, der ebenfalls einen kleinen Anbau hatte. So konnten alte und bettlägerige Mönche von dort aus an der Messe teilnehmen.
Der Grundriss des Klosters Ilsenburg im Harz weist einen Anbau an gleicher Stelle auf. Dieser wird als Marienkapelle bezeichnet, allerdings war er deutlich größer. Vor dem Hintergrund, dass zumindest ein Teil der ersten Mönche aus Ilsenburg in das Aegidienkloster gekommen war und es in seiner ersten Weihe der Muttergottes Maria gewidmet war, lässt sich eine ähnliche Funktion des Raumes vermuten.

Die Durchgänge zu den anderen Räumen wurden erst für die Eröffnung als Museum geschaffen. Die Mönche konnten die Räume nur über die Zugänge vom Kreuzgang her betreten.

Der Grabstein an der Südseite des Parlatoriums stammt ursprünglich aus der Leonhardskapelle im Südosten von Braunschweig und wurde nach Hinter Aegidien versetzt. Jacob Rhetz, ein Braunschweigischer Oberst und seine Frau Anna Magdalena Borchmeyer ließen ihn zum Gedenken an ihre verstorbenen Kinder aufstellen. Im Jahre 1689 verloren sie zwei ihrer Kinder, das eine bereits einen Monat nach seiner Geburt. Wenige Monate später starb auch ihr fünfjähriger Sohn. Ob die Kinder an einer Krankheit starben, in St. Leonhard gab es ein Hospital vor allem für Leprakranke, ist nicht überliefert. Demütig schließen die Eltern auf dem Grabstein: „Der Herr hat's gegeben, der Herr hat's genommen, deren Seelen Gott gnädig sei".

Gürten wir uns also mit Glauben und Treue im Guten, und gehen wir unter der Führung des Evangeliums seine Wege, damit wir ihn schauen dürfen, der uns in sein Reich gerufen hat.

Benediktsregel Prolog, 21.

Fragmente der Deckenmalerei im Parlatorium sind erhalten. Die Zuordnung zu den unterschiedlichen Malern ist allerdings schwierig.

Der Blick in den Himmel: Die Deckenmalerei

Wie viele romanische Bauten waren auch die Innenräume des Aegidienklosters farbig bemalt. Davon haben jedoch nur kleine Reste an der Decke des Parlatoriums die Zeit überdauert. Wer genau hinschaut, erkennt einige skizzenhafte Zeichnungen, ein Gesicht, einen sitzenden Mann, ein paar Füße unter einem Gewand, die teilweise aus dem Mittealter stammen oder auf mittelalterlichen Vorzeichnungen übermalt wurden.

Doch das heutige Aussehen der Decke ist das Ergebnis mehrerer Maler in vielen Jahrhunderten.
1906 berichtete das Braunschweigische Magazin über die Arbeiten, die in den neuen Räumen des Vaterländischen Museums ausgeführt wurden. „[...] die Malerei der Innenwände [war] in die bewährten Hände des Hofdekorationsmalers Adolf Quensen gelegt [...].“ *(Braunschweigisches Magazin 1906)*. Der Braunschweiger Historien- und Kirchenmaler Adolf Quensen bemalte Teile der Wände, die Türlaibungen und gestaltete auch die Decken farbig. Die grünen Vierpassformen und die rote Bemalung der Kreuzrippen sind vermutlich seine Eingriffe in die Gestaltung. Behutsam veränderte Quensen die romanische Deckenmalerei, indem er die Figuren teilweise ergänzte und die Fläche durch die grünen und

roten Elemente optisch gliederte. Was zu diesem Zeitpunkt an mittelalterlicher Malerei noch vorhanden war, wissen wir nicht. Der aus einer Gandersheimer Malerfamilie stammende Adolf Quensen hatte sich bereits mit der Ausmalung des Braunschweiger Doms, des Kaiserdoms in Königslutter und vielen weiteren Kirchen und Profanbauten nicht nur im Braunschweiger Land einen Namen gemacht.

Nach dem Zweiten Weltkrieg hat auch der Braunschweiger Restaurator Fritz Herzig an der Deckenmalerei gearbeitet.

Bei so vielen Eingriffen und Veränderungen der Malerei ist es schwierig, die einzelnen Elemente den verschiedenen Malerhänden zuzuordnen. Doch sie alle zusammen ergeben ein unverwechselbares und einzigartiges Ensemble.

Die Säulen im Parlatorium sind besonders kunstvoll gestaltet.

Säulen und Kapitelle

Die Baumeister der Romanik entdeckten die Kapitelle als Bildfläche für neue Kompositionen, dabei bewiesen die Künstler eine erstaunliche Phantasie: neben biblischen Darstellungen sieht der Betrachter auch erotische, humoristische oder groteske Inhalte, sogar heidnische Bilder und persönliche Erlebnisse der Künstler.

Die Säulen und Kapitelle im Klosterbereich verzierten die Baumeister mit graphischen Muster und Blattranken.

Die Gestaltung erinnert an den Bauschmuck des Kaiserdoms in Königslutter und seine zahlreichen Nachfolgebauten in der Region.
Die Baumeister stammten vermutlich aus der gleichen Bauhütte, die in der Gegend umher zog und an vielen Baustellen arbeitete. Die Namen romanischer Baumeister sind selten überliefert, man weiß jedoch, dass der entscheidende Meister in Königslutter aus Oberitalien stammte und Nikolaus hieß. Seiner Schule ist die reiche Formensprache der spätromanischen Dekorationen zu verdanken. Der Künstler arbeitete im Dienste Gottes, seinen eigenen Ruhm ordnete er ihm unter.

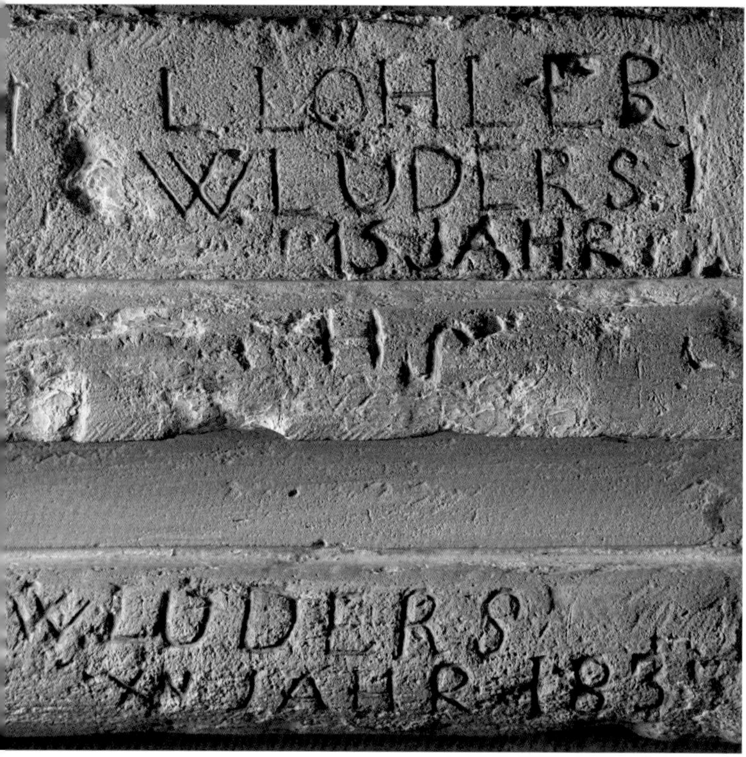

Auf einer Säule im Parlatorium verewigten sich Insassen des Gefängnisses.

Ritzereien

In den Säulen im Parlatorium befinden sich einige Einritzungen, die an die Zeit erinnern, als die ehemaligen Klosterräume als Gefängnis genutzt wurden.

L. Löhler, W. Lüders 15 Jahr
W. Luders XV. Jahr 1835
I. Böse 1852

Mit diesen eingeritzten Buchstaben verewigten sich drei Gefangene der Braunschweiger Justiz. Ein Gefangener mit dem Namen Löhler ist in den Akten allerdings nicht vermerkt.

Mit W. Lüders/Luders könnte der Tambour Johann Theodor Wilhelm Lüders aus Wolfenbüttel gemeint sein, der 1834 wegen Totschlags und Missbrauch der Waffen zu 15 Jahren Karrenstrafe verurteilt worden war. Am Abend des 29. März 1833 war es vor dem Haus des Brannteweinbrenners Salomon in der Wendenstraße in Braunschweig zu einer Schlägerei gekommen. Drei Tamboure des Herzoglich-Braunschweigischen Infanterieregimentes seien daran beteiligt gewesen, das Gericht sah es als erwiesen an, dass es jener Lüders war, der dabei einen Tagelöhner mit seinem Säbel so schwer am Kopf verletzt habe, dass dieser später daran starb (Staatsarchiv_1).
Die Verurteilung zur „Strafe des großen Kar-

rens“, wie es in der Urteilsbegründung hieß, besagte, dass der Gefangene während der Haftzeit schwer arbeiten musste, vorzugsweise mit einem Karren Steine für Bauvorhaben der Stadt ziehen.

Ein Gefangener namens I. oder J. Böse, der sich 1852 in der Säule verewigte, ist in den Quellen nicht eindeutig zu identifizieren. In dem Jahr saßen der Tagelöhner Julius Franz Elias wegen Diebstahls 20 Monate ein, der Schneiderlehrling Johann Ludwig Gottlieb 12 Tage und der Schulknabe Johann Wilhelm August 1 Tag, beide ebenfalls wegen Diebstahls. Dazu noch die 13jährige Schülerin Johanna Dorothea 2 Tage wegen Bettelei. Welcher der Verurteilten seinen Namen in die Säule ritzte, kann daher nicht mehr identifiziert werden (Staatsarchiv_2).

Im Refektorium wurde seit 1906 unter anderem die Apothekensammlung des Vaterländischen Museums gezeigt. Die Pfeiler des ehemaligen Speisesaals wurden in die Einbauten eingebunden.

…, dass sich nicht Übersättigung und Trunkenheit einschleichen

Das Refektorium war der Speisesaal des Klosters. Die Mahlzeiten wurden schweigend eingenommen, ein Mönch las dabei theologische Werke oder Abschnitte der Ordensregel vor. Die Anzahl und die Menge der Mahlzeiten waren in der Benediktsregel vorgeschrieben, abhängig von Jahreszeit und liturgischem Jahreslauf. Im Sommer und an Sonn- und Festtagen gab es zwei Mahlzeiten am Tag, im Winter und an Fastentagen nur eine. Dazu gab es zwei Hauptgerichte mit frischem Obst und Gemüse. Brot war die wichtigste Ernährungsgrundlage, Benedikt legte fest, dass jeder Bruder 300 g am Tag bekommen sollte. Der Abt konnte nach eigenem Ermessen die Ration erhöhen zum Beispiel für kranke oder schwache Mönche. Zusätzlich stand jedem ein Viertelliter verdünnter Wein am Tag zu.
Benedikts Anliegen, damit der Trunksucht vorzubeugen, war nur teilweise erfolgreich, bei einigen Orden gab es auch größere Mengen an Wein.

Besonders die strengen Essensvorschriften machten einigen Mönchen stark zu schaffen. Oft trafen einzelne Klöster oder ganze Orden Sonderregelungen, die die Bestimmungen der Benediktsregel weniger streng auslegten. Andere Klöster kritisierten diese scharf und forderten eine strengere Befolgung der Regel ein. Immer wieder kam es so zu Reformbewegungen, aus denen neue Orden oder Zusammenschlüsse innerhalb der Orden entstanden.

Das Refektorium des Aegidienklosters ist der größte der noch erhaltenen Klosterräume. Er wird durch sechs einfache, meist unverzierte Säulen gegliedert. Einige wirken wie nicht fertig gestellte, unvollendete Arbeiten.
Die Fenstereinbrüche in der hinteren Ecke sind im 18. Jahrhundert bei Umbauarbeiten durchbrochen worden. Früher befand sich an dieser Stelle ein Durchgang zu den Räumen im nördlichen Flügel des Kreuzganges.

Nach unserer Meinung dürften für die tägliche Hauptmahlzeit, ob zur sechsten oder neunten Stunde, für jeden Tisch mit Rücksicht auf die Schwäche einzelner zwei gekochte Speisen genügen.

Benediktsregel Kapitel 39, 1.

Seit 1906 war das Vaterländische Museum im ehemaligen Aegidienkloster untergebracht. Den Hof zwischen dem Chor der Aegidienkirche und dem vom Bohlweg versetzten Paulinerchor nutzte es als Freilichtbereich (Foto um 1910).

Garten Eden im Kloster

Die Kreuzgänge eines Klosters sind Räume der Stille, der Sammlung und des Gebets. Als Wandelgänge umgeben sie einen Innenhof und dienen der Erschließung der umgebenden Klostergebäude. Gleichzeitig sind sie ursprünglich einer der wichtigsten Aufenthaltsräume des Klosters, der sowohl für praktische als auch für liturgische Aktivitäten und zum Unterricht genutzt wurde. Die offene umgebene Hoffläche konnte als Garten dienen oder auch als Friedhof. Der Klosterbrunnen stammt von 1473, er versorgte den Klausurbereich mit Wasser.

Mit der Einrichtung der Landesstrafanstalt in den ehemaligen Klosterräumen bekommt die Geschichte des Klosterhofes eine dunkle Seite. Hier versammelten sich Offizielle und geladene Zeugen, um der Vollsteckung von Todesurteilen beizuwohnen. Die Verurteilten wurden auf die Richtbank geschnallt und dann enthauptet. 1885 war dieses gruselige Kapitel zu Ende, als im April des Jahres das letzte Todesurteil vollstreckt wurde.

Seit der Übernahme der Gebäude durch das Museum war im ehemaligen Klosterhof ein Freilichtbereich errichtet. Verschiedene Architekturteile wie zwei Steinpfeiler vom Eingang des Rokokogartens an der Celler Straße, die Statue der Proserpina aus dem Garten des

Lustschlosses Salzdahlum, Fachwerksegmente von Braunschweiger Häusern und diverse Grab- und Gedenksteine wurden hier aufgestellt. Auch die 1937 gegossene Kopie des Braunschweiger Löwen fand hier, sehr zur Freude spielender Kinder, einen Platz.

Der östliche Kreuzgangflügel ist heute mit einer flachen Holzdecke nach oben abgeschlossen. Ob er früher einmal ein Kreuzgratgewölbe wie die übrigen Räume trug, ist unklar.

Am 17. April 1885 wurden mit Anton Giepsz und der Witwe Koszmider die letzten beiden Todesurteile im ehemaligen Klosterhof vollstreckt.

Kalkstein
Höhe 111 cm, Breite 61 cm
ca. 1401
Braunschweigisches Landesmuseum,
VMB 6013

Grabstein des Ehepaares Knokenhauer

In die Wand vom Kreuzgang zum Parlatorium eingemauert befindet sich ein Grabstein. Im oberen Teil des Steines ist der auferstandene Christus mit der Siegesfahne abgebildet. Auf dem Schild sind die Passionssymbole abgebildet. Im unteren Teil stehen links zwei Mönche, zu erkennen an ihrer Tonsur, daneben das Ehepaar Knokenhauer, Margarethe (gest. 18.4.1397) und Tile (gest. 12.2.1401).
Die Minuskelumschrift lautet: + anno dni m.ccc. xcvii iii die.valeiani.uxor.m.cccc.in.die kwlallice. tile knokenhower.maritus obierung.quorum die. in pace.requiescant.amen. +
Auf einer Zeichnung des Kupferstechers A. A. Beck erkennt man, dass auf den Schriftbändern über den Köpfen der Figuren Texte aus dem lateinischen Vaterunser stehen, die allerdings heute nicht mehr zu erkennen sind.

Eine Urkunde belegt, dass das Ehepaar Knokenhauer 1397 dem Kloster acht Mark Braunschweiger Witte und Wichte zahlte. Dafür war das Kloster im Gegenzug dazu verpflichtet, einige Memorien in der Kirche zu halten. Die Urkunde erwähnt zwei Söhne, die eventuell dem Aegidienkonvent angehörten. Dann könnten die auf dem Grabstein dargestellten Mönche mit diesen beiden identisch sein.

Vermutlich Kalkstein
Höhe 173 cm, Breite 89 cm
1368
Braunschweigisches Landesmuseum,
VMB 6012

Grabstein des Heinrich von Grasleghe

Heinrich von Grasleghe war Rektor der Klosterschule. Wie auch die Stiftsschulen von St. Blasius und St. Cyriacus war sie nicht nur für die „pueri oblati", die dem Mönchsstand geweihten Knaben, sondern auch für Bürgersöhne offen. Der 1368 verstorbene „rector Henricus de Grasleghe" hatte seine Grabstätte vermutlich in einem der Kreuzgangsflügel, als sein Grabstein in die Wand eingemauert wurde. Er zeigt den Rektor in einem talarartigen, langen Gewand mit weiter Mütze, in der einen Hand einen zepterartigen Stab als Attribut seines Berufes. Das Schriftband in der anderen Hand zeigt die Worte „Sante mate die tu misere mei". Das Sterbedatum 1368 ergibt sich aus den verschlüsselten Umschriften.

Das Evangeliar aus dem 12. Jahrhundert gehörte zu den wertvollen Büchern aus dem Besitz des Aegidienklosters. Der Buchdeckel ist mit Edelsteinen, Perlen und geschnitztem Walrosselfenbein verziert.

„... zum Schlafen ein eigenes Bett..."

Das Dormitorium ist der Schlafsaal der Mönche. Das gemeinsame Schlafen aller Mönche in einem Raum war fester Bestandteil der Benediktsregel. Wenn möglich, sollte aber jeder sein eigenes Bett haben, worin er angezogen und gegürtet schläft, jederzeit bereit, zum Gottesdienst aufzustehen. Aus dem Dormitorium führte eine Treppe in den Kreuzgang des Klosters, es war der direkte Weg in die Kirche. So gelangten die Mönche für die nächtlichen Gebete schnell an ihr Ziel.
Benedikt beweist Realismus, wenn er schreibt, die Mönche sollten sich gegenseitig behutsam ermuntern, damit die Schläfrigen keine Ausrede hätten.

Der heutige Raum wurde zum Umzug des Vaterländischen Museums in das Gebäude 1906 aus Baumaterial der Paulinerkirche errichtet bzw. ergänzt, von ihr stammen auch die Decke und die gotischen Maßwerkfenster. Als das ehemalige Aegidienkloster als Gefängnis hergerichtet wurde, war das ursprüngliche Dormitorium abgetragen worden.

Interessant ist, dass sich der Anbau des Parlatoriums, unter dem Dormitorium gelegen, sich auch in der oberen Etage wiederfindet. So ist es möglich, dass der Altarbereich im Parlatorium nach oben offen war und dass so die bettlägerigen Mönche vom Dormitorium aus die unten gefeierten Messen mitverfolgen konnten.

Die weiteren Räume des Klosters sind zerstört bzw. abgerissen worden. Dazu gehörten Wirtschaftsräume wie eine Küche und eine Wäscherei und andere Funktionsräume wie ein Skriptorium bzw. eine Bibliothek. Die Bibliotheken in den Klöstern waren wahre Schatzkammern des Wissens, in denen sich die Schriften der antiken Wissenschaftler und Philosophen erhalten haben. In einer Zeit, in der jedes Buch mühsam mit der Hand auf teures Pergament geschrieben wurde, waren Bücher ein kostbarer Schatz.
Wo die Bibliothek des Aegidienklosters gelegen hat, ist nicht belegt. Naheliegend ist die Vermutung, dass sie sich östlich anschließend an das Dormitorium befunden hat.

Ein Teil der Bücher der Klosterbibliothek sind nach der Auflösung des Klosters im 17. Jahrhundert in die Bibliothek des Herzogs August des Jüngeren gekommen, der heutigen Herzog August Bibliothek in Wolfenbüttel. Ein Teil des Bestandes konnte anhand der Bucheinbände, der Notizen von Schreibern oder des Inhaltes rekonstruiert werden. Es zeigt sich, dass das literarische Leben und die im Kloster gepflegte Geschichtsschreibung im 14. Jahrhundert einen deutlichen Rückgang erfuhren, auch wenn auch aus dieser Zeit sicherlich einiges verloren gegangen ist. So wird der tatsächliche Umfang der Bibliothek nur schwer zu rekonstruieren sein.

Zu diesen Zeiten lasst uns also unserem Schöpfer den Lobpreis darbringen wegen seiner gerechten entscheide, nämlich in Laudes, Prim, Terz, Sext, Non, Vesper und Komplet. Auch in der Nacht lasst uns aufstehen, um ihn zu preisen.

Benediktsregel Kapitel 16, 5

Der Chor des ehemaligen Paulinerklosters wurde mit dem Abriss des Klosters am Bohlweg auf das Gelände des ehemaligen Aegidienklosters versetzt. So stand es dem Vaterländischen Museum als Ausstellungsfläche zur Verfügung.

Vom Bohlweg nach Hinter Aegidien: Der Paulinerchor

Neben dem Chor der Aegidienkirche und dem östlichen Teil des Kreuzganges bildet der Paulinerchor die dritte Seite des Klosterinnenhofes. Diese seltsame architektonische Situation mit zwei sich gegenüber liegenden Chören, einer nach Osten ausgerichtet, einer nach Westen, entstand 1902, als man den Paulinerchor hierhin versetzte, um das Gelände für das Museum herzurichten.

Die Dominikaner lebten, im Gegensatz zu den Benediktinern, nicht nach dem Regelwerk des Heiligen Benedikt, sie gehörten zu den Bettelorden. Diese entstanden im 12. Jahrhundert, einer Zeit der Reformen, die die Welt der Orden und Klöster nachhaltig beeinflusste. In den immer größer werdenden Städten nahm besonders die Armut zu. Dem Elend der Bevölkerung einerseits stand der materielle Reichtum einiger Abteien andererseits gegenüber. Wie konnte aber eine Hinwendung zu Gott in Askese gelebt werden, wenn der einzelne Mönch zwar besitzlos, die Gemeinschaft aber wohlhabend war und immer für einen gedeckten Tisch sorgte? Dies führte zu einem großen Verlust an Glaubwürdigkeit und einem Unmut der Zeitgenossen gegenüber den Orden.

Die Bettelorden lebten ein radikales Armutsideal. Keinerlei persönlicher und gemeinschaftlicher Besitz, in den Anfangsjahren auch kein fester Wohnsitz. Sie sahen im Gegensatz zu den etablierten Orden, die zurückgezogen von der Welt lebten, ihren Wirkkreis in den Städten, bei den Armen, den Bettlern, Kranken und Hilfsbedürftigen.
Im Allgemeinen gab es eine große Wertschätzung der hochmittelalterlichen Gesellschaft für diese freiwillige, radikale Armut, aber auch Misstrauen, da Armut auch als Strafe Gottes für Unmoral und Verbrechen interpretiert wurde. Dass Angehörige höheren Standes auf Kleidung und prunkvolle Lebensweise zugunsten freiwilliger Armut verzichteten, stieß an die Grenzen, was die Gesellschaft zu tolerieren bereit war. Einige Bettelorden lebten so an der Grenze der von der Kirche bekämpften Ketzerei. Die Dominikaner selbst gelten als der Predigerorden, dessen Aufgabe die Rückgewinnung von Ketzern und die Ausbreitung der wahren Glaubenslehre war. Hierzu verbreiteten sie eine grundlegende, theologische Ausbildung. Aus einigen Abteien gingen bekannte Bibliotheken, Schulen und Universitäten hervor.

Der Orden der Dominikaner baute im 14. Jahrhundert ein Kloster am Bohlweg, 1343 wurde die Kirche dem heiligen Paulus geweiht. Am Kloster aber baute man noch bis ins 16. Jahrhundert. Den Braunschweigern ist es unter dem Namen Paulinerkloster bekannt.
Mit der Reformation mussten die Dominika-

ner die Stadt verlassen. In der Paulinerkirche wurden zunächst evangelische Gottesdienste gehalten, bis Kloster und Kirche als Lager für Geschützteile, Bauholz, Korn und Hopfen dienten.
Als die Herzogliche Regierung am Bohlweg ein Regierungsgebäude errichten ließ, musste das ehemalige Klostergebäude weichen, der Chor der Kirche fand einen neuen Standort Hinter Aegidien.
Das Treppengeländer, das heute die Treppe vom Eingangsbereich ins obere Stockwerk des ehemaligen Aegidienklosters ziert, stammt ebenfalls aus dem Zeughaus. Es ist vermutlich ein Werk des braunschweiger Holzschnitzers Anton Detlef Jenners aus dem 18. Jahrhundert.

Der wertvolle Bücherschatz des Aegidienklosters wurde im Zuge der Reformation verteilt. Ein Evangeliar mit farbenfrohen Malereien wird im Herzog Anton Ulrich-Museum aufbewahrt. Es enthält die Texte der Evangelisten und farbige Miniaturen wie eine Darstellung der Gefangennahme Christi.

Faszination Kloster.

Was fasziniert uns eigentlich an einem Kloster?

Was fasziniert uns eigentlich an einem Kloster? Diese Frage kann sich jeder stellen und jeder von uns wird eine andere Antwort finden. Wir können im Hof flanieren, das Rascheln der Bäume und das Zwitschern der Vögel in der großen Kastanie hören. Wir fühlen den weichen Boden unter unseren Füßen und die alten Gemäuer des Klosters an den Händen. Wenn wir die Augen schließen und tief durchatmen, den Kopf freimachen von alltäglichen Gedanken und Überfluss, dann spüren wir, wie ein zufriedenes Gefühl einkehrt.

Vielleicht erahnen wir damit, was die Menschen vor rund 900 Jahren dazu bewog, dieses Kloster zu bauen für ein Leben in Arbeit und Gebet, Gott gewidmet. Und vielleicht ist es eine Antwort von vielen, warum von Klöstern bis heute eine besondere Faszination ausgeht.

Stille, Meditation,
Frömmigkeit, Arbeit,
Gebet, Gemeinschaft,
Spiritualität,Abgeschiedenheit,
Bescheidenheit, Schweigen,
Frieden, Fürsorge,
Ritual, Versprechen,
Verzicht, Einfachheit, Zufriedenheit

Literatur (Auswahl)

ArnholdKotyrba 2010
Arnhold&Kotyrba Architekturführer: Mittelalterliche Kirchen in Braunschweig. Braunschweig 2010.

Bibel
Neue Jerusalemer Bibel. Freiburg/Basel/Wien 11. Aufl. 1985.

Braunschweigischer Anzeiger 1891
Braunschweigischer Anzeiger vom 10. Oktober 1891

Braunschweigisches Magazin 1906
Braunschweigisches Magazin Nr. 4, April 1906

Brooke 2001
Christopher Brooke: Die Klöster. Geist, Kultur, Geschichte. Freiburg 2001.

Derda 1992
Hans-Jürgen Derda: Vita communis. Studien zur Geschichte einer Lebensform in Mittelalter und Neuzeit. Köln/Weimar/Wien 1992.

Derda 2004
Hans-Jürgen Derda: Leben hinter Klostermauern: vita communis – sozialer und religiöser Leitgedanke monastischer Gemeinschaften. In: Adolf Siebrecht (Hrsg.): Geschichte und Kultur des Bistums Halberstadt 804–1648. Halberstadt 2004, S. 401-410.

Dorn 1978
Reinhard Dorn: Mittelalterliche Kirchen in Braunschweig. Hameln 1978.

Holzherr 1993
Georg Holzherr (Hrsg.): Die Benediktsregel. Eine Anleitung zum christlichen Leben, übersetzt und erklärt von Georg Holzherr. Zürich 1993.

Huch 1978
Marie und Friedrich Huch: Im Treibsand der Erinnerungen. (Da sie alle noch im Licht wandelten). Die Lebenserinnerungen an die Braunschweiger Zeit. Braunschweig 1978.

Jedding-Gesterling 1988
Maria Jedding-Gesterling und Georg Brutscher (Hrsg.), Die Frisur. Eine Kulturgeschichte der Haarmode von der Antike bis zur Gegenwart, Hamburg 1988. Hier besonders Seite 119-120.

Kybalova 1980
Ludmila Kybalova u. a. (Hrsg.): Das große Bilderlexikon der Mode. Vom Altertum zur Gegenwart, Dresden 1980.

Loschek 2005
Ingrid Loschek, Reclams Mode- und Kostümlexikon, Stuttgart 2005. Hier besonders Seite 322.

Oexle 2003
Otto Gerhard Oexle: Max Weber und das Mönchtum. In: Hartmut Lehmann, Jean Martin Ouédraogo (Hrsg.): Max Webers Religionssoziologie in interkultureller Perspektive. Göttingen 2003, S. 311-334.

Piekarek 1979
Roderich Piekarek: Geschichte des Benediktinerklosters und der Kirche St. Aegidien zu Braunschweig. Braunschweig 1979.

Römer 1984
Christof Römer (Hrsg.): Historisches Klosterensemble und musealer Klosterhof des Braunschweigischen Landesmuseum hinter St. Aegidien. Braunschweig 1984 (= Veröffentlichungen des Braunschweigischen Landesmuseums 44).

Römer-Johannsen 1979-1
Ute Römer-Johannsen (Hrsg.): St. Aegidien zu Braunschweig 1115-1979. Liebfrauenmünster der katholischen Propsteigemeinde St. Nicolai. Festschrift aus Anlass der Wiederherstellung der Kirche des ehemaligen Benediktinerklosters St. Aegidien und zur Altarweihe am 8. Dezember 1979. Hildesheim 1979.

Römer-Johannsen 1979-2
Ute Römer-Johannsen, Christof Römer: 800 Jahre St. Aegidien. Liebfrauenmünster der Katholischen Propsteigemeinde St. Nicolai zu Braunschweig. Braunschweig 1979 (= Veröffentlichungen des Braunschweigischen Landesmuseums 22).

Staatsarchiv_1
Niedersächsisches Landesarchiv/Staatsarchiv Wolfenbüttel 30 Neu Fb. 6, Nr. 1457

Staatsarchiv_2
Niedersächsisches Landesarchiv/Staatsarchiv Wolfenbüttel 43 Neu Fb. 1

Stadtarchiv Braunschweig
Stadtarchiv Braunschweig, Archiv Nr. G IX 1:23 Stalmann, Brief von Stalmann an seine Frau am 2. Juli 1788.

Thiel 1982
Erika Thiel: Geschichte des Kostüms. Die europäische Mode von den Anfängen bis zur Gegenwart, Berlin 1982.

Völkischer Beobachter 1938
Johannes Dürkop: Museumswesen in Braunschweig. In: Völkischer Beobachter vom 16. Januar 1938, Sonderbeilage.

Werner 2010
Stefanie K. Werner: Miniaturen. Große Malerei auf kleiner Fläche, Ausstellung in der Burg Dan-warderode 2010, Herzog Anton Ulrich-Museum, Braunschweig 2010.

Abbildungsnachweis

S. 20, 22, 25, 26, 29, 30, 38/41, 48/51, 62, 65, 66/69, 88/91, 92, 100/103, 104, 106, 118, 122/125, 132, 134/137, 138, 140, 150, 154, 156, 168, 170, 192
Braunschweigisches Landesmuseum
(Fotos Ingeborg Simon)

S. 8, 82, 87, 172, 180, 190 unten
Herzog Anton Ulrich-Museum Braunschweig
(Fotos Claus Cordes, B. D. Keiser)

S. 52, 110, 113, 116/117
Rekonstruktionsversuch und Rendering: Arbeitsgemeinschaft Gebautes Erbe, Braunschweig (Elmar Arnhold, Frank Ziehe)

S. 76, 80, 94, 99, 142, 146, 160, 164, 167, 176
Braunschweigisches Landesmuseum (Archivbilder, Reproduktionen Ingeborg Simon)

S. 42
Museum August Kestner Hannover

S. 70
Herzog August Bibliothek Wolfenbüttel
(A: 235.1.2 Quod. (1))

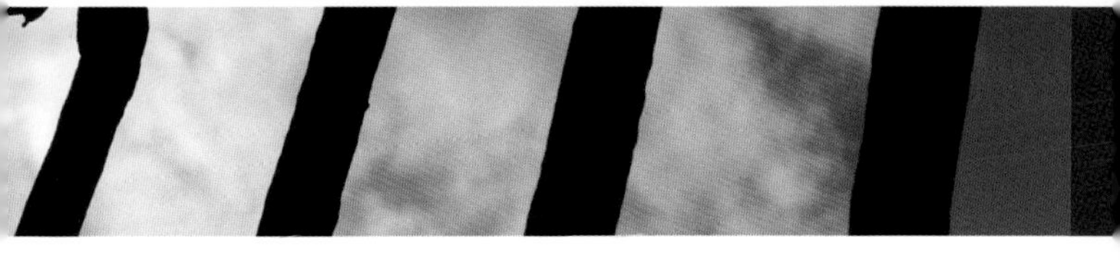

S. 14

Niedersächsisches Landesarchiv –
Staatsarchiv Wolfenbüttel

S. 126, 182

Sàndor Kotyrba, Braunschweig

Cover, S. 13, 47, 61, 153, 159, 163, 175, 187

(Fotos Anne Hasselbach, Kamenz)

S. 190 oben

Braunschweigisches Landesmuseum/
Herzog Anton Ulrich-Museum
(Schnitt Eva Jordan-Fahrbach,
Grafik Dagmar Klimanis)

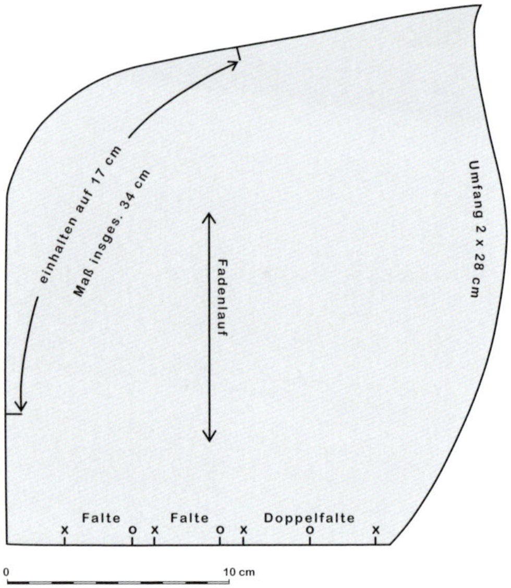
einhalten auf 17 cm
Maß insges. 34 cm
Fadenlauf
Umfang 2 x 28 cm
Falte
Falte
Doppelfalte
0
10 cm

Materialanalyse der Haube von 1722

Oberstoff		*Lampas liseré, 3 Broschierschüsse, 1 Lanzierschuss: Grund: Atlas 4/1 (3), Muster: Köper 3/1 s und Köper 1/3 z*
Kette:	*Verhältnis:*	*2 Kettsysteme: 5 Hauptkettfäden : 1 Bindekettfaden*
	Material:	*Hauptkette: Seide, grün, leichte s-Drehung*
	Bindekette:	*Seide, gelblich, leichte s-Drehung*
	Stufung:	*10 Hauptkettfäden*
	Dichte:	*160 Hauptkettfäden und 32 Bindekettfäden/cm*
Schuss:	*Verhältnis:*	*6 Schüsse in 4 Schussfunktionen im Wechsel*
	Material:	*1. Schussfunktion: Seide, blass grün, ohne erkennbare Drehung* *2. Schussfunktion: Seide, rötlich-bräunlich, ohne erkennbare Drehung und Metalllahn (doppelt, von einem Schiffchen, erkennbar an zahlreichen Verdrehungen der beiden Fäden) Lahn in s-Drehung um gelbe, schwach z-gedrehte Seidenseele* *3. Schussfunktion (Begleitschuss für 4. Funktion): Seide, blass gelb, ohne erkennbare Drehung* *4. Schussfunktion: Metall-Ondéfaden: Vergoldeter (?) Silberlahn in s-Drehung um gelbe, z-gedrehte Seidenondéseele und doppelter, glatter Metallfaden: Vergoldeter (?) Silberlahn in s-Drehung um gelbe, schwach z-gedrehte Seidenseele*
	Stufung:	*1 Passée (= 4 Schüsse)*
	Dichte	*17 Passées/cm (= 68 Schüsse/cm)*

Gewebeaufbau

Grund:	*Die Bindekette bindet mit den beiden broschierten Metallfäden (4. Schussfunktion) in K 1/3 s und mit den gelben Begleitschüssen (3. Schussfunktion) in K 3/1 s, so dass diese Schüsse immer unter den Metallschüssen liegen.*
Muster:	*Die Hauptkette bindet mit den beiden ersten Schussfunktionen nach einander in A 4/1 (3). Die zweite Schussfunktion bildet außerdem im Liseré-Effekt die Musterschüsse, die von jedem 10. Hauptkettfaden in K 1/3 z gebunden werden. In kleinen Bereichen wird dieser Effekt von einem weiteren Broschierschuss übernommen, der dann abwechselnd mit der zweiten Schussfunktion arbeitet.*

Bändchen	*Breite: 14 mm; Bindung: T 1/1, beide Fadensysteme, Seide, bräunlich, z-gedreht,*
Futter	*Bindung: Leinwand L1/1, beide Fadensysteme Leinen, dunkelbraun*
Nähgarn	*Seidenzwirn, weiß, z/S-zweifach*

Für besondere Anlässe wie einem Basar in der Aegidienhalle wurden Postkarten produziert, die die Besucher verschicken konnten. Hier zechen einige Mönche in den alten Klosterräumen.

Besucherinformationen

Braunschweigisches Landesmuseum
Ausstellungszentrum Hinter Aegidien

Freitag bis Sonntag 10 – 17 Uhr
Montag bis Donnerstag geschlossen
Führungen nach telefonischer Vereinbarung
täglich außer Montag

Telefon: 0531-1215 0

www.landesmuseum-braunschweig.de
www.3landesmuseen.de